高等院校人文素质教育
——创新通识教材——

文献检索实用教程

第二版

主　编◎黄建琼　陈章斌
副主编◎姚　洁　林丽芝　叶福兰　徐　林

清华大学出版社
北京

内 容 简 介

文献检索教育是培养和提高人们信息素质的基本手段之一，而文献信息检索相关教材是开展这种教育的基础。本书旨在培养学生文献信息检索、分析和展示的能力。本书分为两部分，第一部分为文献信息检索基础知识，主要包括文献信息概述、文献信息检索原理、网络文献信息检索、事实型信息检索和数值型信息检索、图书信息检索、期刊文献检索、特种文献检索、文献信息的利用、文献管理、信息法规与信息道德等内容；第二部分为文献信息检索案例分析，主要包括6个案例，分别对搜索引擎信息检索、事实型和数值型信息检索、图书信息检索、期刊信息检索、特种文献检索和综合信息检索方面的案例进行举例和分析。

本书可作为高等院校文献信息检索与科技论文写作课程的教材，也可供科研工作者检索文献信息时参考。

本书封面贴有清华大学出版社防伪标签，无标签者不得销售。

版权所有，侵权必究。举报：010-62782989，beiqinquan@tup.tsinghua.edu.cn。

图书在版编目(CIP)数据

文献检索实用教程 / 黄建琼，陈章斌主编. —2版. —北京：清华大学出版社，2023.2(2024.8重印)
高等院校人文素质教育创新通识教材
ISBN 978-7-302-62709-8

Ⅰ.①文… Ⅱ.①黄… ②陈… Ⅲ.①信息检索-高等学校-教材 Ⅳ.①G254.9

中国国家版本馆 CIP 数据核字(2023)第 026829 号

责任编辑：刘志彬
封面设计：汉风唐韵
责任校对：王荣静
责任印制：沈 露

出版发行：清华大学出版社
网　　址：https://www.tup.com.cn,https://www.wqxuetang.com
地　　址：北京清华大学学研大厦A座　　邮　编：100084
社 总 机：010-83470000　　邮　购：010-62786544
投稿与读者服务：010-62776969, c-service@tup.tsinghua.edu.cn
质量反馈：010-62772015, zhiliang@tup.tsinghua.edu.cn
印 装 者：三河市人民印务有限公司
经　　销：全国新华书店
开　　本：185mm×260mm　　印　张：13.5　　字　数：325千字
版　　次：2017年4月第1版　2023年3月第2版　印　次：2024年8月第5次印刷
定　　价：39.80元

产品编号：087387-01

前　言

当今是信息时代，大学生不但要具有人文素质和科学素质，还必须具有信息素质。信息素质是大学生成为创新型人才之必备素质，是人所具有的对信息进行获取、分析、加工、利用、创新、管理的知识与能力等各方面基本品质的综合体现。文献信息检索教育是培养和提高人们信息素质的基本手段之一，而文献信息检索相关教材是开展这种教育的基础。

本书旨在培养学生文献信息检索、分析和展示的能力。本书分为两部分，共包括10章、6个检索案例。第一部分为文献信息检索基础知识，内容主要包括文献信息概述、文献信息检索原理、网络文献信息检索、事实型信息检索和数值型信息检索、图书信息检索、期刊文献检索、特种文献检索、文献信息的利用、文献管理和信息法规与信息道德；第二部分为文献信息检索案例分析，主要包括6个案例，分别为搜索引擎信息检索、事实型和数值型信息检索、图书信息检索、期刊信息检索、特种文献检索和综合信息检索案例。

本书具有以下特色。

一是理论知识浅显易懂。本书图文并茂，配有大量的检索过程示意图片，便于学生理解和掌握整个检索过程。

二是突出应用性和技能性。本书根据实际案例的具体需求选择文献检索相关工具，演示和分析具体检索过程，并配有详细的步骤说明，系统介绍各种检索工具和系统的使用方法和技巧。

本书由福州外语外贸学院专职教师编写：第1章、第5章和案例3由林丽芝编写，第2章由姚洁、黄建琼共同编写，第3章、第8章和案例1由陈章斌编写，第4章、第9章、第10章和案例2由叶福兰编写，第6章和案例4由姚洁编写，第7章、案例5和案例6由黄建琼编写，徐林负责课件制作和校对工作，全书由黄建琼负责统稿。本书在撰写过程中借鉴和参阅了大量的参考文献，在此对参考文献的作者表示衷心的感谢。由于编者水平所限，书中难免存在疏漏和不当之处，还请各位读者批评指正。

编　者

目 录

第一部分 文献信息检索基础知识

第1章 文献信息概述 ·· 3
1.1 文献信息的相关概念 ································· 3
1.2 文献的特点 ··· 4
1.3 文献的类型 ··· 5
1.4 文献分布与文献评价 ································· 13
思考与习题 ·· 14

第2章 文献信息检索原理 ································ 15
2.1 信息检索概述 ··· 16
2.2 检索语言 ··· 17
2.3 检索工具 ··· 21
2.4 计算机检索技术 ······································ 24
2.5 检索途径和检索方法 ································ 27
2.6 文献检索步骤及其内容 ····························· 31
2.7 文献检索结果评价 ··································· 33
思考与习题 ·· 37

第3章 网络文献信息检索 ································ 38
3.1 搜索引擎概述 ··· 38
3.2 常用综合性搜索引擎 ································ 41
3.3 常用学术搜索引擎 ··································· 47
3.4 搜索引擎发展趋势 ··································· 50
思考与习题 ·· 51

第4章 事实型信息检索和数值型信息检索 ············ 52
4.1 事实型信息检索和数值型信息检索概述 ········ 52
4.2 常用参考工具书 ······································ 53
4.3 事实型信息检索和数值型信息检索方法 ········ 58

思考与习题 ·············· 58

第 5 章　图书信息检索 59
5.1　图书检索概述 59
5.2　常用图书信息检索工具类型 61
5.3　典型检索工具 62
　　思考与习题 ·············· 71

第 6 章　期刊文献检索 72
6.1　期刊概述 72
6.2　纸质期刊查询 75
6.3　国内电子期刊数据库 76
6.4　国外电子期刊数据库 85
6.5　其他期刊检索工具 91
　　思考与习题 ·············· 93

第 7 章　特种文献检索 94
7.1　专利文献检索 94
7.2　标准文献检索 103
7.3　学位论文检索 108
7.4　会议文献检索 113
7.5　科技报告检索 116
　　思考与习题 ·············· 118

第 8 章　文献信息的利用 119
8.1　文献信息利用过程中的版权保护 119
8.2　学术论文的写作 120
8.3　学位论文的写作 128
8.4　文献综述的撰写 133
　　思考与习题 ·············· 136

第 9 章　文献管理 137
9.1　文献管理的重要性 137
9.2　文献管理软件的优点 138
9.3　常用文献管理软件 138
9.4　NoteExpress 138
　　思考与习题 ·············· 148

第 10 章　信息法规与信息道德 ·· **149**
  10.1　信息法规 ··· **149**
  10.2　信息道德 ··· **156**
  思考与习题 ··· **160**

第二部分　文献信息检索案例分析

案例 1　搜索引擎信息检索 ·· **163**
案例 2　事实型和数值型信息检索 ··· **168**
案例 3　图书信息检索 ·· **172**
案例 4　期刊信息检索 ·· **180**
案例 5　特种文献检索 ·· **189**
案例 6　综合信息检索 ·· **199**

参考文献 ··· **207**

第一部分 文献信息检索基础知识

第1章 文献信息概述

学习目标

1. 了解文献信息检索的基础知识；
2. 掌握文献信息的特点及分类。

内容框架

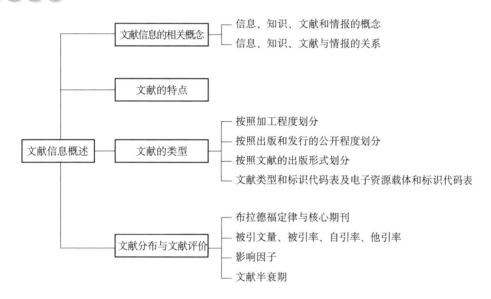

1.1 文献信息的相关概念

1.1.1 信息、知识、文献和情报的概念

▶ 1. 信息

广义的信息是自然界、人类社会以及思维活动中普遍存在的现象，是一切事物自身存在方式以及它们之间相互关系、相互作用等运动状态的表达。

狭义的信息是指经过搜集、记录、处理和存储的可供检索的文献、数据和事实。它是人类对客观事物的认识，是实践经验的总结，是认识的结果，是检索的对象。

▶ 2. 知识

知识是人类社会实践的总结，是人的主观世界对客观世界的概况和如实反映；是人类在改造客观世界实践中所获得的认识和经验的综合，是信息的一部分，是人类科学认识世界、改造世界的力量。

▶ 3. 文献

文献是记录知识的载体，由知识、载体材料和记录符号这三个基本要素构成。

(1) 知识

知识是构成文献的最基本的要素，是文献的灵魂。

(2) 载体材料

载体材料是信息内容存储的依附体，也是信息内容传播的媒介，如纸张、感光介质和磁性介质等。

(3) 记录符号

记录符号是提示和表达知识信息的标识符号，如语言文字、图形、声频、视频和编码等。随着人类社会的发展，文献的制作方式经历了刻写、机械印刷、电脑自动输入存储等阶段。

知识是文献的实质内容，符号、文字、声音是人体感觉信息的媒介，载体是文献的外在形式。

▶ 4. 情报

情报是作为交流对象的有用知识，是在特定时间、特定状态下对特定的人提供的有用的知识，是对知识的再激活、再利用。

1.1.2 信息、知识、文献与情报的关系

信息包含知识，知识包含情报，而文献是记录知识的载体，当文献中记录的知识传递给用户，并为用户所利用时，就转化为情报。因此，文献是对知识的静态记载，而情报是对知识的动态应用。此外，情报虽大多数来自文献，但也可能来自口头和实物，所以文献与情报存在交叉关系。

1.2 文献的特点

文献具有知识性、传递性和动态性三个基本属性。随着科学技术和社会生活的飞速发展，人类知识总量在迅速增长。文献作为存储、传播知识的载体，随着知识量的增加其数量也在激增，而且增长速度很快。据统计，目前全世界每年出版的各种文献总量约12 000万册，平均每天出版文献约32万件。

文献数量的激增，一方面表明文献信息资源的丰富，但同时也产生了"文献信息污染"，给人们选择、利用文献获取所需信息造成了障碍。

▶ 1. 文献分布集中又分散

随着现代科学技术的日益综合与细化，各学科之间的严格界限日趋淡化，学科之间的相互联系、交叉渗透逐渐增强。这使文献的分布呈现出集中又分散的现象，即某一专业的

大部分文章发表在少量的专业性期刊中,而另外一部分文章则刊载在大量的相关专业,甚至不相关专业的杂志中。

▶ 2. 文献时效性增强

随着科学技术的发展,新知识、新理论、新技术、新产品层出不穷,加速了知识的新陈代谢,随之造成了文献的加速老化。国外有人统计各类文献的平均寿命为:图书10~20年、科技报告10年、学位论文5~7年、期刊3~5年、标准文献5年、产品样本3~5年。

▶ 3. 文献内容交叉重复

现代科学技术综合交叉、彼此渗透的特点,导致知识的产生和文献的内容也相互交叉、彼此重复,具体表现在以下方面。

(1) 同一内容的文献以不同文字发表。据统计,当前世界上每年翻译图书约占图书出版总量的10%;一些重要的核心期刊被译成多种文字在不同国家出版;同一项发明可以向多个国家申请专利,专利说明书的内容重复现象严重,据世界知识产权组织统计,世界各国每年公布的专利说明书的重复率达65%~70%。

(2) 同一内容的文献以不同形式出版。据调查,会议论文有40%会在经过整理、修改后发表在期刊上;有相当数量的科技报告既出版单行本又发表在期刊上,如美国的NASA报告有80%、AD报告有60%、美国科学基金会报告有95%、美国农业部的科技报告有80%,都是这种情况;随着新型载体文献的普及应用,许多文献既有印刷版本,又有缩微版本、电子版本等,如《纽约时报》《泰晤士报》《读卖新闻》等既有印刷版本,又有缩微版本,《中国大百科全书》《不列颠百科全书》《工程索引》《科学文摘》《科学引文索引》等既有印刷版,又有电子版。

(3) 在激烈的商业竞争中许多畅销书内容雷同,选题重复。

(4) 再版、改版文献数量不断增多。

▶ 4. 文献载体更加多样

随着声、光、电、磁等技术和新材料的广泛应用,新型文献载体不断涌现。传统的纸张型文献已失去了"一统天下"的局面,多种载体的文献相互依存、相互补充、共同发展已成为趋势。

1.3 文献的类型

1.3.1 按照加工程度划分

▶ 1. 零次文献

零次文献是未经出版发行的或未以公开形式进入社会交流的最原始的文献,如私人笔记、书信、手稿、考察记录、实验记录、设计草稿、个人通信、新闻稿、工程图样、原始统计数字、技术档案等。此类文献与一次文献的主要区别在于其记载的方式、内容的价值和加工深度有所不同。它的特点是内容新颖,但不成熟、不公开交流,收集起来有一定的难度,不易获得。

2. 一次文献

一次文献是以作者本人的研究成果为基本素材而创作的论文、报告等经公开发表或出版的文献，如图书、期刊论文、学位论文、科技报告等，习惯上称为原始文献。一次文献是人们学习参考的最基本的文献类型，也是最主要的文献情报源，是产生二次、三次文献的基础，是文献检索和利用的主要对象。它的主要特点是内容新颖丰富、叙述具体详尽、参考价值大，但数量庞大、分散。

3. 二次文献

二次文献是按照特定目的对一定范围或学科领域的一次文献进行鉴别、筛选、分析、归纳和加工整理重组等，使之有序化后出版，如文摘、题录、索引等。它以不同的深度解读一次文献，其主要功能是检索、通报、控制一次文献，帮助人们在较少时间内获得较多的文献信息。二次文献具有汇集性、工具性、综合性、交流性等特点。

4. 三次文献

三次文献是对有关领域的一次文献和二次文献进行广泛深入的分析综合后得到的产物，如各种综述、述评、学科总结、百科全书、年鉴、手册、文献指南等。

1.3.2 按照出版和发行的公开程度划分

1. 白色文献

白色文献是指公开出版发行的、通过正常渠道可以得到的常规文献，包括图书、报纸、期刊等。这类文献通过出版社、书店、邮局等正规的渠道公开发行，向社会所有成员公开，其蕴含的信息，人人均可利用。

2. 黑色文献

黑色文献是指不对外公开、具有完全保密性质的文献，如未解密的政府文件、内部档案、个人日记、私人信件等。这类文献除作者及特定人员外，一般社会成员极难获得和利用。

3. 灰色文献

灰色文献是介于白色文献与黑色文献之间的、半公开的、非正式的文献。也就是说，灰色文献是指那些通过非正式出版流通渠道得到的文献资料，包括不公开刊登在报刊上的会议文献、非公开出版的政府文献、学位论文、不公开发行的科技报告、技术档案、工作文件、产品资料、企业文件、内部刊物、产品样本、预印本等。

1.3.3 按照文献的出版形式划分

根据文献的出版类型不同，文献可分为十一大类：图书、期刊、科技报告、会议文献、专利文献、标准文献、学位论文、政府出版物、报纸、产品资料、技术档案。

为了准确地揭示和反映文献。在编制文献目录时，按照一定规则，对文献的形式特征和内容特征进行分析、选择和记录的过程我们称之为文献著录。它是文献信息服务得以顺利开展的根本保证，也是揭示文献最基本、最简明的方法。

1. 图书

图书是文献最基本的形式，广义的图书可以泛指一切出版物。它是对某专门知识或某学科进行系统论述或概括的一种信息源。按照联合国教科文组织的定义,凡由出版社(商)出版的不包括封面和封底在内 49 页以上的印刷品、具有特定的书名和著者名、编有国际标准书号、有定价并取得版权保护的出版物,称为图书。

1) 图书的著录格式

在参考文献列表里,图书的著录格式一般依次为:

[序号] 主要责任者. 题名:其他题名信息[文献类型标识 M/文献载体标识]. 其他责任者. 版本项. 出版地:出版者,出版年:引文页码[引用日期]. 获取和访问路径. 数字对象唯一标识符.

示例:

[1] 陈曙东,李思成,陈谊. 消防物联网理论与实战[M]. 重庆:重庆大学出版社:2020:98.

[2] 罗昕. 网络社会治理研究:前沿与挑战[M]. 广州:暨南大学出版社,2020:29-30.

[3] 罗杰斯. 西方文明史:问题与源头[M]. 潘惠霞,魏婧,杨艳,等译. 大连:东北财经大学出版社,2011:15-16.

[3] MATTHEW N,STONES R. Linux 程序设计[M]. 陈健,宋健建,译. 4 版. 北京:人民邮电出版社,2017:7-8.

2) 图书中的析出文献的著录格式

图书中的析出文献的著录格式一般依次为:

[序号]析出文献主要责任者. 析出文献题名[文献类型标识/文献载体标识]. 析出文献其他责任者//专著主要责任者. 专著题名:其他题名信息. 版本项. 出版地:出版者,出版年:析出文献的页码[引用日期]. 获取和访问路径. 数字对象唯一标识符.

示例:

[1] 周易外传:卷 5[M]//王夫之. 舟山全书:第 6 册. 长沙:岳麓书社,2011:1109.

其中,//用于专著中的析出文献的出处项前。

在文献著录时,需要注意以下几点。

(1) 责任者不超过 3 个时全部著录,3 人以上可只著录前 3 人,后加"等"字样,外文用"et al"。例如"赵锦,刘孟军,吕增仁,等.""ZHAO J,LIU Y J,LV Z R,et al."

(2) 责任者之间用","分隔。

(3) 责任者姓名一律采用姓前名后的著录格式。外文著者的姓全部著录,字母全都大写,名缩写,并省略缩写点,姓与名之间用空格分隔。

示例:EINSTEIN A(原题:Alberd Einstein)

▶ 2. 期刊

期刊是连续性出版物的一种,通常载有年卷期号或年月日顺序号,并计划无限期连续出版发行的印刷或非印刷形式的出版物。

期刊的出版周期一般有周刊、月刊(半月刊)、双月刊、季刊、半年刊等,按学术地位分核心期刊和非核心期刊;按收录的内容分一般期刊、学术期刊、行业期刊和检索期刊。

电子期刊在目前的网络时代中迅猛崛起,其内容和形式有很多种,在内容上包括印刷期刊的数字化，印刷期刊的网络版，网络电子期刊等，在形式上兼具了平面与互联网二者的特点，融入了文字、图像、视频、音频、游戏、超链接等互动形式，人们不仅可以看到文字、图片，还可以听到各种声音、看到活动的图像，阅读起来更为方便轻松。

期刊内容新颖、能及时反映国内外最新研究成果和动态，具有出版量大、周期短、发行与流通面广、便于获取等特点。期刊是人们获取信息的最重要来源。

在参考文献列表里，期刊的著录格式一般依次为：

[序号]主要责任者．题名：其他题名信息[文献类型标识/文献载体标识]．年，卷（期）．出版地：出版者，出版年[引用日期]．获取和访问路径．数字对象唯一标识符．

示例：

[1] 高志军，邵晴晴，刘伟．第三方物流嵌入供应链的理论解释研究——社会学、经济学和管理学的综合分析视角[J]．重庆工商大学学报（社会科学版），2020，37（3）：62-77．

[2] 吴晓珊，曹旭东，王森，等．基于 B/S 架构的管理系统软件开发[J]．计算机测量与控制，2019，27（2）：123-128．

[3] 胥泽富．5G 时代物联网的变革[J]．机电工程技术，2019（S1）：69-71．

[4] 张翼，张士强，曾丽君．碳排放、煤炭工业与经济发展的脱钩关系[J]．统计与决策，2020（3）：109-113．

[5] LIU H X，LU M，ALHUSSEIN M. Ontology-Based Semantic Approach for Construction-Oriented Quantity Take-Off from BIM Models in the Light-Frame Building Industry[J]. Journal of Advanced Engineering Informatics，2016，30（2）：190-207．

在示例[1]中，"第三方物流嵌入供应链的理论解释研究——社会学、经济学和管理学的综合分析视角"是论文的题目；"J"表示 journal（期刊）；"重庆工商大学学报（社会科学版）"是期刊名；"2020，37（3）：62-77"表示 2020 年 37 卷 3 期，第 62 页开始至第 77 页。因此可以通过检索期刊《重庆工商大学学报》（社会科学版）获取原文。

▶ 3. 科技报告

科技报告是科技工作者围绕某一专题从事研究过程中所取得科研成果的正式报告，或是研究过程中某个阶段的进展报告，是科技工作者或研究机构向资助者呈交的研究成果。

科技报告一般每份单独成册，篇幅长短不等，有机构名称和编号，供识别报告本身及其发行机构，装订简单，出版发行不规则。科技报告的流通范围有绝密、秘密、保密、非密限制发行、非密、解密等，由于科技报告是非正式出版的，获取比较困难。科技报告样例如图 1-1 所示。

在参考文献列表里，科技报告的著录格式一般依次为：

[序号]主要责任者．题名：其他题名信息[R]．出版地：出版者，出版年．

示例：

[1] World Health Organization. Factor Regulating the Immune Response：Report of WHO Scientific Group[R]. Geneva：WHO，1970．

Introduction to Global Navigation Satellite Systems.

2020　来源：NTRL　【获取原文】

【索取号】	N200000265
【作者】	Ashman, B.
【发表年度】	2020
【机构来源】	National Aeronautics and Space Administration
【关键词】	- Atmospheric effects - Dead reckoning - Global navigation satellite system (gnss) - Satellite navigation systems - Small scientific satellites - Multipath transmission - Radio navigation - Statistical analysis - Technology utilization - Transit time
【学科分类】	54 - Astronomy & Astrophysics
【报告类型】	NASA
【页数】	56 pages
【合作机构】	NASA Goddard Space Flight Center; Asian Institute of Technology
【注释】	Text in English.Presented at Training on GNSS - Course: T151-40, Thailand.Distribution Note: Publicly available, Unlimited, Work of the U.S. Government - Public use permitted. CASI.
【发行号】	202011
【摘要】	Products that rely on Global Navigation Satellite Systems (GNSS) have become an essential part of daily life for millions of people around the world. In addition to enabling navigation, these constellations of satellites and the signals they transmit provide a global, precise timing source, used in everything from electrical power grid phasing to synchronization of financial networks. This lecture introduces the concept of radio navigation, describes the features of GNSS signals that make navigation possible, and explains how these signals are processed by GNSS receivers. The resulting measurements and error sources, such as atmospheric effects and multipath, are discussed. Special consideration is given to the challenges of using GNSS in space, and the innovations that make it possible. A survey of space applications and recent flight experiences is provided. Active areas of research are discussed, including the use of GNSS for missions to the Moon.

图 1-1　科技报告样例

［2］李光，王酉．面向急救的血气/电解质快速分析微系统最终报告［R］．杭州：浙江大学，2013．

［3］李东义．人类活动及自然环境演化在敏感生态系统沉积物中的记录［R］．厦门：国家海洋局第三海洋研究所，2017．

［4］宜树华．生态脆弱区资源环境要素的时空格局及其与生态系统功能的关系中期报告［R］．兰州：中国科学院寒区旱区环境与工程研究所，2019．

▶ 4. 会议文献

会议文献是指学术会议文献，包括会前、会中和会后文献。会前文献是指会议日程表、会议论文预印本和论文摘要等；会中文献是指开幕词、讨论记录、会议决议和闭幕词等；会后文献是指会议录、会议论文集、会议论文汇编、期刊特辑及有关会议的声像资料等。

会后文献内容比较系统完整，是会议文献的最主要部分，但会后文献没有固定的出版形式，与其他文献交叉重复比较严重。

在参考文献列表中，会议文献的著录格式一般有如下两种：

第一种格式：［序号］主要责任者．题名：其他题名信息［C］．出版地：出版者，出版年：引文页码．

第二种格式：[序号]析出文献主要责任者．析出文献题名：其他题名信息[C]//主要责任者．题名：其他题名信息会议名称．出版地：出版者，出版年：析出文献页码．

示例：

[1] 中国畜牧兽医学会．第19次全国犬业科技学术研讨会论文集[C]．南昌：江西科学技术出版社，2019．

[2] 郭薇薇．高校阅读推广形象大使与长效发展探索[C]//中国图书馆学会．中国图书馆学会年会论文集：2017年卷．北京：国家图书馆出版社，2018：47-54．

[3] 刘华伦．浅谈经济类交叉学科教学内容的组织与管理[C]//中国智慧工程研究会智能学习与创新研究工作委员会．2019教育信息化与教育技术创新学术研讨会论文集．重庆：重庆市鼎耘文化传播有限公司，2019：581-582．

[4] LI L. Study on the Construction Mechanism of the Framework System of University Articles of Association[C]//Science and Engineering Research Center. Proceedings of 2018 2nd International Conference on Education，Management and Applied Social Science (EMASS 2018). DEStech Publications，2018：49-52．

▶ 5. 专利文献

专利文献是专利制度的产物，在实行专利制度的国家，凡是本国或外国的个人和企业有了创造发明，都可以根据《专利法》的规定，向本国或外国专利局提出申请，经审查合格，批准授予在一定年限内享有创造发明成果的权利，并在法律上受到保护，这样一种受到法律保护的技术专有权利叫作专利。广义的专利文献是指所有与专利制度有关的文件，包括专利申请书、专利说明书、专利分类、专利公报、专利文摘、专利证书等；狭义的专利文献仅指专利说明书。专利说明书是指专利申请人向专利管理部门呈交的对于其发明创造的技术性及专利权限等方面所作的说明。专利说明书内容比较详细具体，多数附有图案，对了解某项新技术、新产品、新工艺的技术内容有重要作用。据专利的技术水平和应用情况，有发明专利、实用新型专利和外观设计专利等类型。

专利的特点是技术上比较新颖、可靠、实用，融技术、经济和法律信息于一体。

在参考文献列表里，专利文献的著录格式一般依次为：

[序号]专利申请者或所有者．专利题名：专利号[P]．公告日期或公开日期．

示例：

[1] 郑细妹．一种新型信息技术用计算机录入装置：CN212846717U[P]．2021-03-30．

[2] 周治元，沈传波，黄廉博，等．一种煤矿用瓦斯钻杆的防瓦斯喷孔防煤泥堵塞装置：CN110952935A[P]．2020-04-03．

▶ 6. 标准文献

标准文献是指由国家某一机构颁发的对工农业技术产品和工程建设的质量、规格及检验方法等方面的技术规定的文献，是从事生产和建设应当共同遵守的一种技术规范。它的特点是其制定、审批有一定程序；适用范围非常明确专一；编排格式、叙述方法严谨，措辞准确；技术上有较充分的可靠性和现实性；对有关各方有约束性，在一定范围内有法律效力；有一定的时效性。标准一般过若干时间就要进行修订，新的标准不断地替代旧的标准。因此，查阅时应以最新标准为准。

在参考文献列表里，标准文献的著录格式一般依次为：

[序号]主要责任者. 标准名称：标准号[S]. 出版地：出版者，出版年：引文页码.

示例：

[1] 中华人民共和国国家质量监督检验检疫总局，中国国家标准化管理委员会. GB/T 7714—2005 文后参考文献著录规则[S]. 北京：中国标准出版社，2005.

[2] 国家市场监督管理总局，中国国家标准化管理委员会. GB/T 20273—2019. 信息安全技术　数据库管理系统安全技术要求[S]. 北京：中国标准出版社，2019：8.

[3] 中华人民共和国工业和信息化部. HG/T 5370—2018. 自行车用水性涂料[S]. 北京：化学工业出版社，2019：3.

▶ 7. 学位论文

学位论文是表明作者从事科学研究取得创造性的结果或有了新的见解，并以此为内容撰写而成、作为提出申请授予相应的学位时评审用的学术论文根据。

按学位不同，学位论文可分为学士论文、硕士论文和博士论文。学位论文的水平差异较大，但探讨的问题比较专一，硕士和博士论文具有一定的学术性、独创性、系统性和完整性，具有重要的参考价值。学位论文一般不公开发表，多数收藏在授予学位的大学图书馆或研究机构的文献信息中心。随着高校信息化程度的提高，许多高校同时保存学位论文的文本样本和电子样本，还把本校的学位论文作为特色资源，建成学位论文检索系统和全文数据库供本校师生利用。

参考文献列表中学位论文的著录格式一般依次是：

[序号]主要责任者. 题名[D/文献载体标识]. 大学所在城市：大学名称，出版年. 引用时间. 获取和访问路径.

示例：

[1] 李泽昀. 中国情境下奢侈品母品牌价值感知对延伸品购买意愿的影响研究[D]. 哈尔滨：哈尔滨工业大学，2019.

[2] 王军. 基于正交模糊信息集成算子的多属性决策方法研究[D/OL]. 北京：北京交通大学，2019.［2020-04-15］. https：//kns. cnki. net/KCMS/detail/detail. aspx？dbcode=CDFD&dbname=CDFDLAST2020&filename=1019206871. nh&v=MTY1MjNMdXh-ZUzdEaDFUM3FUcldNMUZyQ1VSN3FmWStSb0ZDdm5WYjNOVkYyNkY3RHTm-5McnBFYlBJUjhlWDE=.

▶ 8. 报纸

报纸是以刊载新闻和时事评论为主的定期向公众发行的印刷出版物或电子类报纸。它是大众传播的重要载体，具有反映和引导社会舆论的功能。当前，因特网的普遍使用，网络版报纸的传阅力较传统印刷品报章强。

参考文献列表中报纸的著录格式一般依次是：

[序号]主要责任者. 题名 [N/文献载体标识]. 报纸名称，发表日期、卷（期）[引用日期]. 获取和访问路径.

[1] 人民日报评论员. 植树造林正当时[N/OL]. 人民日报，2020-04-06（1）[2020-04-10]. http：//paper. people. com. cn/rmrb/html/2020-04-06/nw. D110000renmrb_20200406_3-01. htm.

[2] 张颐武. 事实胜于雄辩[N]. 北京日报，2020-04-17（9）.

▶ 9. 电子文献

电子文献,又称电子出版物。我国新闻出版署1996年颁发了《电子出版物管理暂行规定》,该规定中指出:电子出版物系指以数字代码方式将图、文、声、像等信息存储在磁光电介质上,通过计算机或具有类似功能的设备阅读使用,用以表达思想、普及知识和积累文化,并可复制发行的大众传播媒体。

电子出版物的主要媒体形态有:软磁盘、只读光盘(CD-ROM)、交互式光盘(CD-I)、照片光盘(PHOT O-CD)、集成电路卡(ICCARD)等。电子文件的产生,是计算机技术与通信技术在办公和管理领域的运用。电子文件的科技进步性体现为两方面:一方面是数字化生存;另一方面是网络化传递。

电子出版物的著录格式:

[序号] 主要责任者. 题名:其他题名信息[文献类型标识/文献载体标识]. 出版地:出版者, 出版年(更新或修改日期)[引用日期]. 获取和访问路径. 数字对象唯一标识符.

示例:

[1] 福建省人民政府办公厅. 关于印发全省房屋结构安全隐患大排查大整治百日攻坚专项行动方案的通知:闽政办发明电〔2020〕22号[EB/OL].(2020-03-23)[2020-04-10]. http://www.fujian.gov.cn/zc/zfxxgkl/gkml/jgzz/gtzycxjs/202003/t20200323_5220937.htm.

[2] 福建省生态环境厅,福建省住房和城乡建设厅. 关于报送第四批全国环保设施和城市污水垃圾处理设施向公众开放单位推荐名单的通知:闽环保宣〔2020〕3号[EB/OL].(2020-04-10)[2020-04-12]. http://sthjt.fujian.gov.cn/zwgk/zfxxgkzl/zfxxgkml/mlqtxx/202004/t20200416_5237871.htm

▶ 10. 技术档案

技术档案是某机构在生产建设和科学研究中形成的、有一定工程对象的技术文件的总称,包括各种任务书、协议书、合同、施工方案等入档保存的技术资料,具有保密性和内控使用的特点。

1.3.5 文献类型和标识代码表及电子资源载体和标识代码表

文献类型和标识代码如表1-1所示,电子资源载体和标识代码如表1-2所示。

表1-1 文献类型和标识代码

参考文献类型	文献类型标识代码	参考文献类型	文献类型标识代码
普通图书	M	专利	P
会议录	C	数据库	DB
汇编	G	计算机程序	CP
报纸	N	电子公告	EB
期刊	J	档案	A
学位论文	D	舆图	CM
报告	R	数据集	DS
标准	S	其他	Z

表 1-2　电子资源载体和标识代码

电子资源的载体类型	载体类型标识代码
磁带	MT
磁盘	DK
光盘	CD
联机网络	OL

1.4　文献分布与文献评价

1.4.1　布拉德福定律与核心期刊

布拉德福定律，又称布拉德福分布理论，是指某一特定领域或课题的论文在期刊中的离散分布规律。1934 年，英国文献学家布拉德福(S. C. Bradford，1878—1948)发表了题为《特定课题的情报源》的论文，用定量的方法描述了相关论文在期刊中集中—离散的分布特点，被后人称为布拉德福定律。布拉德福定律可以表述为：如果将科技期刊按其刊载的某学科专业论文的数量多少，以递减顺序排列，那么可以把期刊分为专门面对这个学科的核心区、相关区和非相关区期刊，若各个区的文章数量相等，此时核心区、相关区、非相关区期刊数量关系为 $1:n:n^2$。

布拉德福定律是文献计量学的重要定律之一，它和洛特卡定律、齐夫定律一起被并称为文献计量学的三大定律。

核心期刊是期刊中学术水平较高的刊物，是进行刊物评价而非具体学术评价的工具。相当一批教学科研单位申请高级职称、取得博士学位论文答辩资格、申报科研项目、科研机构或高等院校学术水平评估等，都需要在核心期刊上发表一篇或若干篇论文。

"核心期刊"一词产生于 20 世纪 30 年代，由英国的布拉德福提出，80 年代才从西方传入我国。它的初始含义侧重于期刊载文量，随着理论研究的深入，现在核心期刊概念已经涵盖信息量、学术质量及期刊利用等诸多方面。

核心期刊是指那些信息密度大、内容质量高、论文寿命长，被引率、被索率、被摘率、借阅率较高，能代表某学科、专业最新发展水平和趋势的期刊。这一概念比较全面地反映了核心期刊的各方面因素，但在实际判断时，期刊很少能同时满足各方面条件，一般只能有所侧重并综合各种数据加以统计分析。

1.4.2　被引文量、被引率、自引率、他引率

被引文量指的是某一期刊一定时期内相关学科文章被引的次数。

被引率指的是某一期刊一定时期内平均每篇相关学科文章被引的概率。尤金·加菲尔德(Eugene Garfield)利用 1961 年 SCI 的引文数据进行分析，发现诺贝尔奖获得者人均被引用次数和被引用论文数分别是所有被引作者人均的 30 倍和 17 倍。这从一个侧面反映，被引率越高，论文质量越高。因此，被引率作为评价论文水平的一个重要标准其作用是毋

庸置疑的，某一期刊的论文被引率高，就说明这一期刊影响大、水平较高。

自引率指该期刊全部被引次数中，被该刊本身引用次数所占的比例。计算公式为

$$自引率 = \frac{被本刊引用的次数}{期刊被引用的总次数}$$

他引率，又叫他引总引比，是指某期刊的总被引频次中，被其他期刊引用次数所占的比例。计算公式为

$$他引率 = \frac{被其他期刊引用次数}{该期刊总被引频次}$$

1.4.3 影响因子

影响因子（impact factor，IF）是指某一期刊的文章在特定年份或时期被引用的频率，它是衡量学术期刊影响力的重要指标，由美国科学情报研究所（ISI）创始人尤金·加菲尔德在20世纪60年代创立，其后为文献计量学的发展带来了一系列重大革新。

影响因子现已成为国际上通用的期刊评价指标，它不仅是一种测度期刊有用性和显示度的指标，也是测度期刊的学术水平乃至论文质量的重要指标。影响因子是一个相对统计量。

1.4.4 文献半衰期

通常用文献的"半衰期"来描述文献老化情况。文献的半衰期是指某学科（专业）现时尚在利用的全部文献中较新的一半是在多长时间内发表的。文献半衰期不是针对个别文献或一组文献，而是针对某一学科或专业领域的文献总和而言的。国外有人统计不同学科文献的半衰期为：地理学16.1年、地质学11.8年、数学10.5年、植物学10年、化学8.1年、生理学7.2年、机械工程5.2年、社会科学5年、化工4.8年、物理学4.6年、冶金学3.9年、生物医学3年。由于各国科技发展水平不同，相应的文献寿命也不相同。

思考与习题

1. 文献具有哪些特征？
2. 按照文献的出版形式，可将文献划分为哪几种类型？
3. 按照载体形式划分，文献有哪些类型？
4. 什么是文献的半衰期？

第 2 章　文献信息检索原理

学习目标

1. 了解文献检索的定义和工作原理；
2. 理解检索语言和检索工具；
3. 掌握相关计算机检索技术；
4. 掌握文献检索方法和检索途径；
5. 掌握文献检索的步骤；
6. 掌握文献检索结果的评价方法。

内容框架

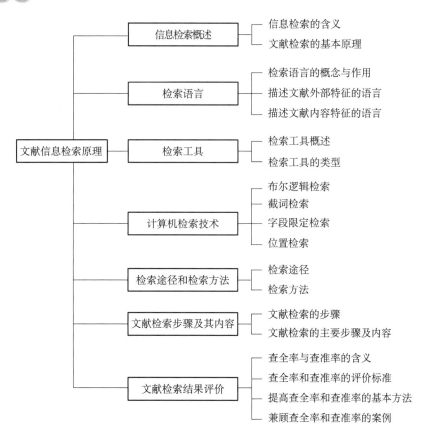

2.1 信息检索概述

2.1.1 信息检索的含义

检索的英文是 retrieval 或 search，其含义是"查找"，是指将信息按一定方式组织和储存起来，并针对用户的需求找出所需要的信息的过程，又称为"信息存储与检索"(information storage and retrieval)。对于情报用户来说，信息检索是指查找所需信息的检索过程。一般认为，信息检索(information retrieval)包括以下三方面的内容。

▶ 1. 文献检索

文献检索(document retrieval)是以文献为检索对象，按照一定的检索途径或方法从文献集合中查找出特定的文献，检索结果是文献或文献线索。它只提供有关的文献，而不直接回答用户所提技术问题的本身。这类检索数量大、方式不一，是信息检索的基础部分，例如，"关于自动控制系统有些什么参考文献？""某作家在20世纪60年代的著述情况"。文献检索是一种相关性检索，即要检索出包含所需要情报的文献。

▶ 2. 数据检索

数据检索(data retrieval)是以数据为检索对象，从已收藏数据资料中查找出特定数据的过程，如科技数据、金融数据、人口统计数据等。

数据检索是为了满足科技工作者对浓缩信息的特殊需求而出现的，这种浓缩的信息，用户可直接使用，无须查阅原始文献，因此可大大节约研究人员的时间，提高工作效率，如"某种金属的熔点""某种材料的电阻""喜马拉雅山的高度"等。

数据检索是一种确定性检索，要直接回答用户所提问题的本身，提供用户所需的确切的数据。

▶ 3. 事实检索

事实检索(fact retrieval)是以特定的事件或事实为检索对象，包括事物的性质、定义、原理以及发生的地点、时间、前因后果等。检出结果为事实性、知识性的答案。例如，"本学年成绩优秀的学生有多少""某同类产品中，哪种型号的产品销量最大"。

事实检索也是一种确定性检索，要求提供用户所需的确定的事实。

▶ 4. 文献检索、数据检索、事实检索的区别

文献检索的检索结果是相关文献或文献线索(即与某课题有关的若干篇论文，书刊来源出处及收藏地点)，是一种相关性检索。文献检索是要检索出包含所需要情报的文献。

数据检索和事实检索的检索结果是"有"或"无""正确"或"错误"，是一种确定性检索。数据和事实检索是要检索出包含在文献中的具体情报。

文献检索是三种检索类型中最主要、最基本的形式，是信息检索中最重要的部分。掌握了文献检索的方法，就能以最快的速度、在最短的时间内、以最少的精力了解前人和别人取得的经验和成果。

2.1.2 文献检索的基本原理

文献检索包括存储和检索两个过程。

存储过程就是按照检索语言对原始文献进行处理，为检索提供经过搜集、加工、组织、存储的文献集合的过程。文献存储在检索工具中形成的文献特征标志与文献检索提问标志要相一致。具体地讲，文献的存储包括对文献的著录、标引以及编排正文和所附索引等。所谓文献的著录，是按照一定的规则对文献信息的外部特征和内容特征简明扼要的表达。文献信息的标引就是文献信息的内容按一定的分类表或主题词表给出分类号或主题词。

检索过程则是按照同样的检索语言（分类表或主题词表）及组配原则分析课题，形成检索提问标志，根据存储所提供的检索途径，从文献信息集合中查找与检索提问标志相符的信息特征标志的过程。

因此，只有了解了文献信息处理人员如何把文献信息存入检索工具，才能懂得如何从检索工具中检索所需的信息。文献存储过程和检索过程如图 2-1 所示。

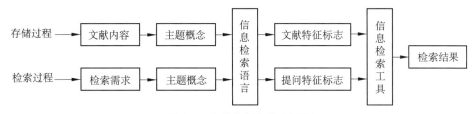

图 2-1　文献存储和检索过程

2.2　检索语言

2.2.1　检索语言的概念与作用

检索语言（information retrieval language）是信息存储于检索过程中用于描述信息特征和表达用户信息提问的一种专门语言。它把文献的存储与检索联系起来，使文献的标引者和检索者取得共同理解，从而实现检索。所谓检索的运算匹配就是通过检索语言的匹配来实现的。检索语言是人与检索系统对话的基础。

从检索过程中可以看出不同的检索语言构成不同的标识和索引系统，提供用户不同的检索点和检索途径。因此，将信息需求者的自然语言转化为系统规范化的检索语言对检索的成功与否密切相关。检索语言有多种分类方式，按照检索语言是否受控，可分为人工语言和自然语言；按照检索时的组配实施状况，可分为先组式和后组式检索语言；按照描述文献信息特征的不同，又可分为描述文献外部特征的检索语言和描述文献内容特征的检索语言，如表 2-1 所示。

表 2-1　对检索语言按照描述文献信息特征分类

分类标准		关键特征
检索语言	描述文献外部特征的语言	题名（书名、刊名、篇名）
		著者
		文献序号（ISBN 号、专利号、报告号等）
		引文
	描述文献内容特征的语言	分类语言（分类号）
		主题语言（主题词、关键字）

文献的外部特征是指从构成文献信息源的载体、符号系统和记录方式三要素中提取出来的特征构成，主要包括文献的题名、著者、来源、卷期、页次、年月、号码、文种等。它们分别构成相应的检索途径：著者途径（著者）、题名途径（书名/刊名）、代码途径（ISBN号、ISBN号、专利号）、引文途径（引用文献）。

文献的内容特征是通过分析构成文献信息源的信息内容要素的特征与学科属性形成的，主要包括分类号、主题词和文摘。主题途径中应用较广的有主题词和关键词两种。

文献信息源的外部特征与文献是一一对应的，而其内容特征与文献却是多对一的关系。利用外部特征检索出的文献是确定性的，通过内容特征检出的文献需要经过选择和处理。

2.2.2 描述文献外部特征的语言

▶ 1. 图书

图书著录的外部特征除了书名、著者外，还有出版社、出版地、总页数，有时还有国际标准书号（international standard book number，ISBN）。出版社名、出版地或出版国、出版时间、总页数或页码范围、国际标准书号是辨别图书的主要外部特征。

ISBN号是国际标准书号的简称，它是国际标准化组织（ISO）公布的一项国际通用的出版物统一编号方法。2007年以前是10位数字，2007年1月1日起，实行新版ISBN。新版ISBN由13位数字组成，分为5组，用"-"相连，由原来的10位数字前加上3位EAN（欧洲商品编号）组成。

例如，"ISBN：978-7-307-03150-7"中各组数字含义如下：

第一组：欧洲商品编号，图书产品代码978或979。

第二组：国家、语言或区位代码。

第三组：出版社代码，由各国家或地区的国际标准书号分配中心，分给各个出版社。

第四组：书序码，由出版社具体给出。

第五组：校验码，只有一位，从0～9，用来检验ISBN号转录过程有无差错。

▶ 2. 期刊

期刊著录的外部特征是题名、著者、刊名、卷号、期号、出版年月、起止页码和国际标准刊号（ISSN）。

ISSN（international standard serial number）是根据国际标准ISO 3297制定的连续出版物国际标准编码，其目的是使世界上每一种不同题名、不同版本的连续出版物都有一个国际性的唯一代码标识。ISSN由设在法国巴黎的国际ISDS中心管理。该编号以ISSN为前缀，由8位数字组成，8位数字分为前后两段各4位，中间用"-"相连，如ISSN 0011-2275，前7位数字是期刊代号，末位是校验号。

在我国合法发行的期刊还应具备国内统一刊号，以中国国别代码"CN"为识别的标志，由报刊登记号和分类号两部分组成，中间用斜线"/"隔开。例如CN 50-1079/G4，斜线"/"之前为登记号，由6位数字组成，前2位为地区号，后4位为报刊序号，其间用"-"连接；"G4"为报刊的分类号，代表"教育类"，可从《中国图书馆分类法》中查到。

▶ 3. 会议文献

会议文献著录的主要外部特征是论文题目、著者、编者、会议名称或会议论文集名称、会议地点或主办国、会议召开的具体日期、论文在会议论文集中的起止页码和会议论文号,会议论文号是识别会议文献的主要外部特征。还有一些表示会议文献的特征词,如 meeting、conference、symposium、seminar、proceeding、transaction、congress、workshop、annual 等,以及这些词的缩写,如 conf.、proc.、annu. 等。

▶ 4. 学位论文

学位论文的外部特征是文章名称、作者姓名、学位名称、导师姓名、学位授予机构、学位授予时间和总页数等。学位论文识别的直接关键词一般有表示学位论文的名称,如 thesis、dissertation、Ph. D.、MS、MBA、Eng. D、D. S. 等,以及授予学位的单位。

▶ 5. 科技报告

科技报告文献著录格式的外部特征有报告名称、报告号、研究机构及研究人员、完成时间等。科技报告识别的直接关键词一般有报告编写单位代码,如 AD、PB、NASA、DOE 及报告号,还有一些表示报告的特征词,如 report、notes 等。

▶ 6. 专利文献

专利文献著录的主要外部特征有申请号、公开号、申请人、发明人、申请日、公开日等。专利文献识别的直接关键词是专利国别代号和申请号,有时还有 patent 一词。

▶ 7. 标准文献

标准文献著录的外部特征是标准级别、标准名称、标准号、审批机构、颁布时间、实施时间等。标准文献识别的直接关键词是标准号,有时会有表示标准的特征词,如 standard、recommendation 等。

2.2.3 描述文献内容特征的语言

▶ 1. 分类语言

分类语言是用分类号来表达科学体系的各种概念,将各种概念按学科性质进行分类和系统排列,也称为分类法或分类表。按照种类,分类法可以分为网络信息分类法、图书/资源分类法、专利分类法和标准分类法。分类法根据学科之间的逻辑关系,采用层次型或树型结构,列举人类所有的知识类别,并对每一知识分别标以相对固定的类码,从而形成分类表。

分类法的种类很多,比较有影响的有《中国图书馆分类法》(以下简称《中图法》)、《中国科学院图书馆图书分类法》(以下简称《科图法》)、《中国人民大学图书馆图书分类法》(以下简称《人大法》)、《国际十进分类法》《杜威十进分类法》等。其中,《中图法》作为我国文献分类标引的国家标准,被国内图书情报机构广泛应用。表 2-2 所示为《中图法》的大类分布,图 2-2 所示为《中图法》经济类分类示意图。

表 2-2 《中图法》大类分布表

编号	类别	编号	类别
A	马克思列宁主义、毛泽东思想、邓小平理论	N	自然科学总论
B	哲学、宗教	O	数理科学和化学
C	社会科学总论	P	天文学、地球科学

续表

编 号	类 别	编 号	类 别
D	政治、法律	Q	生物科学
E	军事	R	医药、卫生
F	经济	S	农业科学
G	文化、科学、教育、体育	T	工业技术
H	语言、文字	U	交通运输
I	文学	V	航空、航天
J	艺术	X	环境科学、安全科学
K	历史、地理	Y	综合性图书

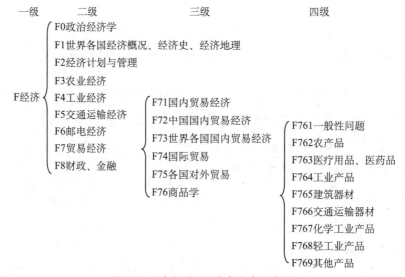

图 2-2 《中图法》经济类分类示意图

▶ 2. 主题语言

主题语言是直接以代表信息内容特征和科学概念的概念词作为检索标识,并按其外部形式(字顺)组织起来的一种检索语言。主题语言分为规范主题语言与非规范主题语言。

1) 规范主题语言

规范主题语言是以自然语言为基础,经过标准化、规范化处理的词语,具有概念性、规范性、组配型、语义性和动态性。规范主题语言包括单元词语言、标题词语言和叙词语言。

(1) 单元词语言。它是一种最基本、不能再分割的单元语言,也称为元词,一般从文献内容中提取,经过规范后能表达一个独立的概念。例如,"天气雷达"不是单元词,"天气"和"雷达"才是单元词,在英语中,单元词经常是一个单词。单元词具有灵活的组配功能,在检索时将某些单元词组配起来使用,属于后组式语言。元词集合构成元词表,如《WPI——规范化主题词表》。

(2) 标题词语言。它是一种先组式规范词语言，标题词大多分为主标题词（表示事物、概念）和副标题词（限定修饰主标题词），如果采用多级标题，其副标题还可以细分为三级、四级标题，"计算机科学——发展趋势"。标题词语言有较好的通用性、直接性和专指性，但由于检索时只能按既定组配执行，因此灵活性较差。美国工程信息公司出版的《工程标题词表》(SHE)是典型的标题词语言，但该书籍1993年以后改名为《工程索引叙词表》(EI Thesaurns)。

(3) 叙词语言。它是以概念为基础经规范化且具有组配功能并可以显示词间关系的动态性词或词组，如"大学"应该写成"高等学校"。它可以用复合词表达主题概念，在检索时可由多个叙词形成任何合乎逻辑的组配，形成多种检索方式，是计算机检索系统中使用最为广泛的规范化语言。常用的叙词表有《汉语主题词表》《INSPEC叙词表》《工程索引叙词表》等。

2) 非规范主题语言

非规范主题语言是相对于规范主题语言而言的，以自然语言的词语作为检索标识，其所用词汇未经规范化处理。非规范化语言包括关键词语言和纯自然语言。

(1) 关键词语言。它是直接从文献的篇名、文摘或者全文中摘取出的词汇构成的。关键词语言没有经过处理，也不需要编制关键词表，凡是有意义的信息单元都可以用作关键词。但是为了提高计算机检索效率，通常建立了非关键词表或禁用词表，这些词都是无实际意义的词，如冠词、介词、副词、连词、感叹词、代词、助动词及部分形容词。

(2) 纯自然语言。它是指完全使用自然语言，即对一条完整的信息中任何词汇都可以进行检索。它采用全文匹配法检索，主要运用于计算机全文数据库和网络信息检索中。使用纯自然语言检索最大的问题就是误检率极高。

2.3 检索工具

2.3.1 检索工具概述

检索工具是用于存储、查找和报道文献信息的系统化文字描述工具，是目录、索引、指南等的统称。文献信息检索工具是以各种原始文献为素材，在广泛收集并进行筛选后，分析和揭示其外部特征和内容特征，给予书目性的描述和来源线索的指引，从而形成一定数量的文献信息单元，再根据一定的框架和顺序加以排列，形成可供检索的卡片或工具。它或以图书的形式出版，或以期刊的形式连续出版，属于二次文献，便于科研人员从中了解本专业学科领域的进展情况和科学技术的发展全貌。同时，通过检索工具，还可以了解图书、期刊等各类文献的出版情况及其在一些图书信息部门的收藏情况，以进行利用。

任何检索工具都有存储和检索两方面的职能：存储职能主要著录文献的特征，依据一定的规律组织排列，使文献由无序变为有序；检索职能则能够从中检索出所需要的文献线索。

一般而言，检索工具应具备如下特征。

▶ 1. 详细著录文献的外部特征和内容特征

检索工具将不同类型、不同语种的信息按学科或主题加以集中组织起来，并详细著录信息的外部特征(如书名、著者、网址等)和内容特征(如标题、主题、摘要等),以便信息用户按照这些报道线索查找所需的原始信息。

▶ 2. 提供具体的检索标识

检索工具将所选择收录和分析整理后的信息按照一定的科学体系组织成一个有机的整体,同时给出多种检索标识,如主题词、分类号、著者姓名、期刊名称、文献序号等。检索标识是标引人员和检索用户共同遵守和进行沟通的符号,也是提高检索工具存储质量和使用效率的重要依据。

▶ 3. 根据标识顺序,系统、科学地排列文献,使其成为一个有机的整体

检索工具里的标识的排列顺序不是随机的,而是按照一定规律排列文献。

▶ 4. 提供多种检索途径

检索工具必须具有多种辅助索引,以便用户从不同途径使用多种方法查找信息。例如,从关键词、主题、著者、机构等途径检索所需信息。辅助索引是否完善不仅是衡量检索工具质量的重要标准,也是评价信息用户能否充分利用信息的关键因素。

2.3.2 检索工具的类型

由于检索工具的著录特征、报道范围、载体形式和检索手段等特征的不同,检索工具具有多种划分方法。

▶ 1. 按照检索手段划分

检索工具按照检索手段划分,可分为手工检索工具、机械检索工具、微缩文献检索工具和计算机检索工具。

1) 手工检索工具

手工检索工具又可分为两大类:提供文献线索的指示型检索工具(目录、索引、文摘、题录等)和直接提供具体信息(文献、事实或数据)的参考型检索工具(词典、百科全书、传记资料、手册、机构名录、地理资料等),如图 2-3 所示。

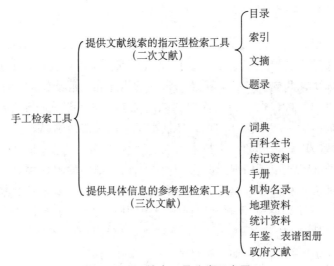

图 2-3 手工检索工具分类示意图

(1) 目录。目录是以单位出版物(图书、期刊等)作为著录对象,揭示其出版事项或收

藏信息的检索工具。目录仅著录出版物的外部特征（书名、刊名、著者或编者、出版项、页数等），主要用于查找出版物的出版或收藏单位，按类编排。组织形式可分为国家目录、馆藏目录、联合目录、书商目录等，如《全国总书目》《全国新书目》《全国西文期刊联合目录》等。

（2）索引。索引一般是附在专著或年鉴、百科全书等工具书之后以及收录内容较多的二次文献之后，按主题词、人名、地名、事件、概念等内容要项编排，是查找隐含在文章中所需情报，进行微观检索的有用工具。按内容，索引可分为主题索引、著者索引、分类索引、关键词索引、引文索引。最通用的索引是主题索引和著者索引，如《全国报刊索引》《工程索引》等。

（3）文摘。文摘是将论文或专著的内容加以浓缩，以最精练、最概况的文字报道文献主题、方法和结论，又称摘要。著录信息的外部特征加上摘要，并按一定顺序排列出来，即形成文摘型检索刊物，其实质就是索引加上内容提要，如《化学文摘》《科学文摘》等。

（4）题录。题录又称索引，以出版物中的"单篇"作为著录单元的检索工具，如期刊中的一篇论文、图书中的一个章节等。题录一般著录著者、篇名、出处等。题录的特点是快和全，一般不做过多的加工。

2）机械检索工具

机械检索工具是指运用一定的机器设备来辅助检索文献信息的检索工具，主要有机器穿孔卡片检索工具和缩微文献检索工具。以穿孔卡片为载体的检索工具，是手工检索到机器检索的过渡。最早的手检穿孔卡片检索工具出现于1904年，但是自计算机检索出现后，穿孔卡片检索工具已经逐渐不再被单独使用。

3）缩微文献检索工具

缩微文献检索工具又称为光电检索工具，以文献缩微品作为文献库，用一定的光电设备从中进行文献检索。一张缩微平片可以缩摄存储几十页至几千页的文献，且存储时间较长，已普遍运用于一些珍贵文献的复制和保存。

4）计算机检索工具

计算机检索工具是以磁性介质为载体，用计算机来处理和查找文献的一种电子与自动化系统，由计算机、检索软件、文献数据库、检索终端及其他外用设备组成。用户可以通过终端设备和通信线路与相关检索系统联系，查找所需文献。电子计算机检索的速度和效果都明显优于其他检索方式，目前在世界各国都已得到了迅速发展。计算机检索工具由电子计算机检索系统构成，具有密度高、容量大、查找速度快、不受时空限制等优点。

▶ 2. 按照物质载体形式和种类划分

按照物质载体和种类划分，检索工具可分为书本式检索工具、卡片式检索工具、缩微型检索工具和机读式检索工具。

1）书本式检索工具

书本式检索工具又可细分为期刊式检索工具、单卷式检索工具和附录式检索工具三种。

2）卡片式检索工具

卡片式检索工具是文献收藏单位整理馆藏文献信息的常用检索工具，如传统图书馆使用的卡片目录，它把每条款目写在或印在一张卡片上，然后按一定的方式将卡片一张张排列起来，形成成套的卡片。卡片式检索工具一般包含主题目录、分类目录、篇名目录、著者目录等。它的优点是可以随时抽排，不断充实、更新，及时灵活地反映现有文献信息。它的缺点是占用较大的馆藏空间，体积庞大，成本费用也比较昂贵，制作费时费力等。目前卡片式检索工具大都已停止使用。

3）缩微型检索工具

缩微型检索工具是指计算机输出的缩微品，有平片和胶卷两种形式。一张普通的缩微平片可包含3 000多条书目著录，即能代替3 000多张卡片。它的特点是存储量大、体积小、成本低、易于保存。但它不像卡片式检索工具那样可随时增减款目，需由计算机进行全套更新，所需费用较大。

4）机读式检索工具

机读式检索工具是将书目著录按照一定的代码和一定的格式记录在特定载体上，专供计算机"阅读"的检索工具。只有借助于计算机，才能对它进行检索，并可实现多种形式的输出，如在计算机上显示出来，或用打印机打印，还可以存储在个人电脑中保存等。它的特点是查找文献迅速准确，检索效果好。

▶ 3. 按照收录的学科范围划分

按照收录的学科范围划分，检索工具可分为综合性检索工具、专业性检索工具和单一性检索工具。

（1）综合性检索工具，即收录范围是多学科的，适用于检索不同学科专业文献。

（2）专业性检索工具，即收录范围仅限于某一学科或专业，专业性强，适合科技人员检索特定专业的文献信息，内容更新集中、系统。

（3）单一性检索工具，即收录文献只限于某一特定类型的特定范围，以新技术发明作为检索对象，如专利文献目录索引等。

2.4 计算机检索技术

2.4.1 布尔逻辑检索

布尔逻辑算符是用来表达各检索词之间的逻辑关系的符号。在检索过程中，大多数的检索课题都是多主题、多概念的，而同一个概念又往往涉及多个同义词或相关词。为了正确地表达检索提问，系统采用布尔逻辑运算符将不同的检索词组配起来，使简单概念的检索词通过组配成为一个具有复杂概念的检索式而进行检索。常用的布尔逻辑算符主要有与、或、非。

▶ 1. 逻辑与

逻辑与用"AND"或"＊"表示，可用来表示其所连接的两个检索项的交叉部分，即交集部分。检索式为：A AND B(或A＊B)，表示让系统检索同时包含检索词A和检索词B的信息集合C。

【案例】 查找"胰岛素治疗糖尿病"的检索式为：insulin(胰岛素)AND diabetes(糖尿病)。

2. 逻辑或

逻辑或用"OR"或"＋"表示，用于连接并列关系的检索词。检索式为：A OR B(或A＋B)，表示让系统查找含有检索词A、B之一，或同时包括检索词A和检索词B的信息。

【案例】 查找"肿瘤"的检索式为：cancer(癌) OR tumor(肿瘤) OR carcinoma(癌) OR neoplasm(新生物或赘生物)。

3. 逻辑非

逻辑非用"NOT"或"－"号表示，用于连接排除关系的检索词，即排除不需要的和影响检索结果的概念。检索式为：A NOT B(或 A－B)，表示检索含有检索词A而不含检索词B的信息，即将包含检索词B的信息集合排除掉。

【案例】 查找"动物的乙肝病毒(不要人的)"的检索式为：hepatitis B virus(乙肝病毒) NOT human(人类)。

用布尔逻辑算符表达检索要求，不同的运算次序会产生不同的检索结果。这些逻辑算符在有括号的情况下，括号内的逻辑运算优先执行，有多层括号时最内层括号中的运算优先执行。在运算中优先次序一般为 NOT、AND、OR。但是，不同的系统有不同的规定，要视具体的检索系统而定。

2.4.2 截词检索

截词检索又称为通配符检索。所谓截词，是指将检索词在合适的地方截断，保留相同的部分，用相应的截词符号代替可变化的部分。由于西文的构词特性，在检索中经常会遇到名词的单复数形式不一致；同一个意思的词，英式英语、美式英语拼法不一致；词干加上不同性质的前缀和后缀就可以派生出许多意义相近的词等。截词检索就是为了解决这种在检索中既耗费大量时间、还可能存在漏检问题而设计的，它既可保证不漏检，又可节约输入检索式或多次检索的时间。

常用的截词符有"？""＊""♯""＄"等，不同的检索系统其截词符的表示形式和截词检索的方式是不同的。

1. 字符截词

1) 无限截词

一个无限截词符可代表多个字符，常用符号"＊"表示，代表在检索词的词干后可加任意个字符或不加字符。

【案例】 检索"physic＊"可检索出的词汇有 physic、physician、physicist、physics 等。

2) 有限截词

一个有限截词符只代表一个字符，常用符号"？"表示，代表这个单词中的某个字母可以任意变化。一般有限截词符的数量有限制，其数目表示在词干后最多允许变化的字符个数。

【案例】 检索"solut？？？"可检索出的词汇有 solution、solute、soluting 等。

2. 位置截词

1) 后截词

后截词也称为前方一致。后截词最常用，即将截词符放在一个字符串之后，用以表示后面有限或无限个字符，不影响其前面检索字符串的检索结果。它是将截词放在一串字符的后面，表示以相同字符串开头，而结尾不同的所有词。

【案例】 检索"comput*"可检索出的词汇有computer、computers、computing等。

2）中间截词

中间截词是指将截词符置于字符串的中间，表示这个位置上的任意字符不影响该字符串的检索。它对于解决英式英语、美式英语不同拼写、不规则的单复数检索等很有用。

【案例】 如果要检索"woman"和"women"可用"wom?n"代替。

3）前截词

与后截词相对，前截词是将截词符放置在一个字符串前方，以表示字符串的前面有限或无限个字符不影响该字符串的检索结果。

【案例】 检索"*computer"可检索出的词汇有macrocomputer、minicomputer、microcomputer、computer等。

2.4.3 字段限定检索

字段限定检索是指限定在数据库记录中的一个或几个字段范围内查找检索词的一种检索方法。

在检索系统中，数据库设置、提供的可供检索的字段通常分为表示文献内容特征的主题字段和标识文献外部特征的非主体字段两大类。其中，主题字段有题名（title）、叙词（descriptor）、关键词（key words）、文摘（abstract）等，非主题字段有作者（author）、文献类型（document type）、语种（language）、出版年份（publication year）等。每个字段用两个字母组作为代码来表示。使用字段限制检索时，基本检索字段用后缀表示，即由"/"与基本检索字段代码组成，放在检索词或检索式的后面，如"天然气/TI"，表示将检索词"天然气"限定在题名字段（TI）中。不同的数据库使用的字段代码略有不同，即使同一字段，采用的字段代码也可能不同。因此，在进行字段检索时，应事先参阅系统及有关数据库的说明。

2.4.4 位置检索

位置运算符用于表示词与词之间的相互关系和前后的次序，通过对检索词之间位置关系的限定，进一步增强检索的灵活性，提高检索的查全率与查准率。布尔逻辑运算符只是规定几个检索词是否需要出现在同一记录中，不能确定几个词在同一记录中的相对位置，当需要确定检索词的相隔距离时，可以使用位置运算符。

▶ 1. W算符（with）

通常写成 A(nW)B，表示词 A 与词 B 之间可以插入数量小于或等于 n 的其他词，同时 A、B 保持前后顺序不变。其中，（W）也可写成（），表示 A、B 必须相邻，中间不可有其他词或字母，但有些系统允许有空格、标点符号。

【案例】 检索"Gas(W)condensate"可检索出的词汇有gascondensate、gas-condensate等。而检索"control(1W)system"可检出control system、control of system、control in system等结果。

▶ 2. N算符（near）

通常写作 A(nN)B，表示 A 与 B 之间可以插入小于或等于 n 个其他的词，同时 A、B

不必保持前后顺序。

【案例】 检索"control(1N)system"除了可得到 control system、control of system 等外，还可以得到 system of control 等结果。

▶ 3. F 算符（field）

通常写作 A(F)B，表示 A、B 必须同时出现在记录的同一字段中，次序可随意变化，且 A、B 两个检索词间可间隔任意个词。

【案例】 "石油(F)天然气/TI"，表示两个词同时出现在题名字段中即为命中文献。

▶ 4. S 算符（subfield）

通常写作 A(S)B，表示 A 与 B 必须同时在一个句子中，次序可随意变化，且 A、B 两个检索词间可间隔任意个词。

不同的检索系统所采用的检索符号可能不同，应注意参看检索系统的使用说明，例如，欧洲专利局数据库使用"♯"代表 1 个字符；美国专利商标局数据库中使用"$"作为截词符；中国国家知识产权局数据库中使用模糊字符"％"等。注意，截词符具有 OR 运算符的功能，能够扩大检索范围，减少输入检索词的时间。但是，使用截词检索，有可能检出无关词汇，尤其注意使用无限后截词时，所选词干不能太短，否则将造成大量误检。

2.5 检索途径和检索方法

2.5.1 检索途径

检索途径就是利用信息的特征作为检索标识来查询相关的信息。通常，信息的著录格式本身就是检索途径，主要包含主题检索途径、分类检索途径、著者检索途径和其他检索途径，其他检索途径包括标题（如书名、篇名、题名等）检索途径、号码检索途径、机构名称检索途径、出版物名称检索途径等。

期刊论文的著录格式作为检索途径的情况如图 2-4 所示，其中论文关键词就是主题检索途径的标识，分类号就是分类途径的标识，标题、作者、作者单位、摘要、关键词、分类号为检索途径。

移动云计算中一种任务联合执行的节能算法

柳 兴[1]，杨 震[2]，袁超伟[1]，李振军[1]
(1. 北京邮电大学信息与通信工程学院，北京 100876;
2. 北京邮电大学计算机学院，北京 100876)

摘 要：移动云计算中，用户可通过应用迁移来减少其移动终端的计算能耗，但应用迁移的引入增加了移动终端的传输能耗。针对此问题，该文提出了一种任务联合执行的节能算法。该算法以任务的计算负荷、输入和输出数据量为依据，给出了一次迁移最优特性，并利用该特性来设计遗传算法搜索全局最优解。仿真结果表明，该算法能有效的提高收敛速度，能在满足应用延时要求的同时最小化移动终端的能耗。

关键词：云计算；移动互联网；应用迁移；能效；遗传算法
中图分类号：TN 929.53　文献标志码：A

图 2-4　中国知网(CNKI)论文样例检索途径

▶ 1. 主题检索途径

主题检索途径是根据文献内容的主题特征而进行检索的途径，适合查找比较具体的课题。利用主题检索途径时，只要根据所选用主题词的字顺找到所查主题词，就可查得相关文献。狭义的主题词仅指叙词，叙词是经过规范化处理的词或词组。广义主题词可以分为规范词汇和自由词汇，包括关键词、主题词、标题词和叙词。关键词一般由作者提供，是半规范化的词汇；主题词比较规范，主要用于外文数据库和中文图书数据库，标题词则一般是作者提供的，有些是不规范的。

1) 主题词的规范

主题词的规范通常分为3种情况：同义词（近义词）、多义词和相关关系词的规范化处理，这里重点讨论前两种情况。

(1) 同义词规范处理包括：①对完全等同的同义词的规范；②对近义词的规范；③对学名和俗名的规范；④对不同译名、简称与全称的规范。

【案例】 "实验"与"试验"是同义词；"污水"与"脏水"是同义词；"计算机"与"电脑"是同义词；"四川大学"与"川大"是同义词。

(2) 多义词的规范处理。对多义词的规范是指限定多义的主题词含义或在特定的检索工具中规定只有一个特定含义，以排除歧义。

【案例】 杜鹃既表示一种鸟，也表示一种花，就须限定说明为：杜鹃（动物）、杜鹃（植物）。

2) 主题词的提取

(1) 检索词词义应该具体。

(2) 同一文献可以供多种研究课题参考，可适应多种需要，因此，同一文献内容可用不同的检索词组合表达。

【案例】 检索"城市污水处理再生利用研究"这个课题，如何提取关键词才能避免漏检情况？

(1) 确定概念（选词依据）：污水、再生利用、城市。

(2) 收集同义词：污水、中水；再生利用、再利用、回用。

(3) 说明词间的逻辑关系：（污水＋中水）＊（再生利用＋再利用＋回用）＊城市。

主题检索途径具有直观、专指、方便等特点，主题途径表征概念准确、灵活，直接性好，并能满足多主题课题和交叉边缘学科检索的需要，具有特性检索的功能，查准率高，但非专业人士难以掌握。获取主题词的方法：可在图书的版权页找到在版编目里面的主题词和分类号码，也可在图书馆的馆藏数据找到主题词。如图2-5中图书版权页的主题词和分类号所示，查找《会计学原理》一书的版权页可以找到主题词是"会计学-高等学校-教材"，分类号为F230。

▶ 2. 分类检索途径

分类检索是以文献的内容在分类体系中的位置作为文献的检索途径，它的检索标志就是所给定的分类号码。分类检索途径主要包括图书期刊分类法和专利文献分类法。图书期刊分类法包括《中国图书馆分类法》（中图法）、《中国科学院图书馆图书分类法》（科图法）、《中国人民大学图书馆图书分类法》（人大法）和《杜威十进分类法》等专利文献分类法一般是根据专利的功能或其用途所属的行业部门来分类的。目前，世界上大部分国家采用国际专

内容简介

本书共分9章，包括：总论、会计要素与会计等式、账户与复式记账、制造企业主要经济业务核算、会计凭证、会计账簿、财产清查、财务会计报告和账务处理程序。主要围绕三个层次进行讲解：一是会计基础理论知识；二是会计核算方法；三是会计核算组织。本书每章开篇都有学习目标，帮助和引导学生预习并理顺学习思路；章后均配有思考与实践、在线自测，以方便学生理解、巩固各章所学内容并强化实务训练。

本书适用于普通本科院校会计学、财务管理、审计学等专业教学，也适用于经济与管理类专业的“会计学”课程的教学，还可作为会计人员继续教育及高等职业技术院校会计学专业的教学用书或参考用书。

本书封面贴有清华大学出版社防伪标签，无标签者不得销售。
版权所有，侵权必究。举报：010-62782989，beiqinquan@tup.tsinghua.edu.cn。

图书在版编目(CIP)数据

会计学原理/杨文，熊艳，卢铁玲主编.　北京：清华大学出版社，2022.5
普通高等教育新形态教材
ISBN 978 7 302 60639 0

Ⅰ.①会…　Ⅱ.①杨…　②熊…　③卢…　Ⅲ.①会计学-高等学校-教材　Ⅳ.①F230

中国版本图书馆CIP数据核字(2022)第068126号

责任编辑：刘志彬
封面设计：汉风唐韵
责任校对：宋玉莲
责任印制：朱雨萌

出版发行：清华大学出版社
网　址：http：//www.tup.com.cn，http：//www.wqbook.com
地　址：北京清华大学学研大厦A座　**邮　编**：100084
社 总 机：010 83470000　**邮　购**：010 62786544
投稿与读者服务：010 62776969，c service@tup.tsinghua.edu.cn
质量反馈：010 62772015，zhiliang@tup.tsinghua.edu.cn
印 装 者：天津安泰印刷有限公司
经　销：全国新华书店
开　本：185mm×260mm　**印　张**：12.5　**字　数**：304千字
版　次：2022年5月第1版　**印　次**：2022年5月第1次印刷
定　价：39.80元

产品编号：086310 01

图2-5　图书版权页的主题词和分类号

利分类号(IPC)分类，分类表采用部、大类、小类、大组、小组的等级结构体系。

分类检索途径以课题的学科属性为出发点，按学科分类体系获得较系统的文献资料，具有族性检索功能，查全率较高。分类检索途径要求检索者对所用的分类体系有一定的了解，熟悉分类语言的特点和学科分类的方法，注意多学科课题的分类特征。

▶ 3. 著者检索途径

所谓著者，包括个人著者(personal author)、团体著者(corporate author)、专利发明人(inventor)、专利权人(patentee)、合同户(contractor)和学术会议主办单位(sponsor)等。

著者检索途径就是根据文献的外部特征，用文献的著者、编者、译者的姓名或团体著者名称编制检索特定的个人或团体所生产的文献。利用著者目录和著者索引进行检索的途径。以著者为线索可以系统、连续地掌握他们的研究水平和研究方向，同一著者的文章往往具有一定的逻辑联系，著者检索途径能满足一定的族性检索功能要求。例如，已知课题相关著者姓名，便可以利用著者索引迅速准确地查到特定的资料，因此亦具有特性检索的功能。

▶ 4. 其他检索途径

其他检索途径包括题名检索途径、关键词检索途径、号码检索途径(如国际标准刊号、报告号、专利号、标准号、会议号等)和其他(如分子式、生物分类、属类等)。

综上所述，主题检索途径和分类检索途径是文献检索的常用途径。前者直接用文字表达主题、概念准确、灵活，直接性较好，适合特征检索；后者以学科体系为基础，按分类编排，学科系统性好，适合族性检索。检索时一般遵循"以主题检索途径为主，多种检索途径综合应用"的原则，具体包括以下三种情况。

1) 从已知文献特征选择检索途径

如果事先已知文献名称、著者、序号等条件，应相应采用篇名目录、著者索引、号码索引或有关的目录索引，用这些途径进行检索比较快速、方便、有效。

2) 从课题检索要求选择检索途径

如果课题检索的泛指性较强，也就是说所需文献的范围广，要求"特性检索"，则选用主题途径为好。检索途径选择不当，将会造成误检和漏检，影响检索效果。

3) 从检索工具提供的索引选择检索途径

检索工具提供的每种索引，都是一种检索途径，应充分熟悉和利用。目前国内外检索工具提供的索引情况不一，如美国《化学文摘》提供的索引达10多种，而有的检索工具只提供1~2种索引。因此，选择索引途径还要根据检索工具的具体情况来决定。

2.5.2 检索方法

文献检索除了要掌握检索途径外，还要熟悉文献检索的基本方法。文献信息检索的基本方法包括常用法、追溯法和循环法。

▶ 1. 常用法

常用法又称为常规法，是利用检索工具或检索系统来查找文献的方法，也是人们检索文献时应掌握的最基本的检索方法。常用法从时间上又可分为顺查法、倒查法和抽查法。

1) 顺查法

顺查法是按时间顺序由远及近的查找方法，直到查得的文献可以满足要求为止。这种方法系统、全面、可靠，能收集到某一课题的系统文献，它适用于较大课题的文献检索。例如，已知某课题的起始年代，现在需要了解其发展的全过程，就可以用顺查法，从最初的年代开始，逐渐向近期查找。

2) 倒查法

倒查法是由近及远，从新到旧，逆着时间的顺序利用检索工具进行文献检索的方法。一般用于新课题，较注意近期的文献，以便掌握最近一段时间该课题所达到的水平及方向。使用这种方法可以最快地获得最新资料。

3) 抽查法

抽查法是指针对学科发展特点，抽出其发展迅速、发表文献较多的一段时期，逐年进行检索的一种方法，能以较少的时间获得较多的重点文献，而淡化信息的全面性和系统性。

▶ 2. 追溯法

追溯法是指不利用一般的检索系统，而是利用文献后面所列的参考文献，逐一追查原文(被引用文献)，然后再从这些原文后所列的参考文献目录逐一扩大文献信息范围，一环扣一环地追查下去的方法。它可以像滚雪球一样，依据文献间的引用关系，获得更好的检索结果。在中国知网(CNKI)数据库中,显示期刊论文的参考文献链接,可获得参考文献、引证文献、共引文献、同被引文献等信息,如图2-6所示。

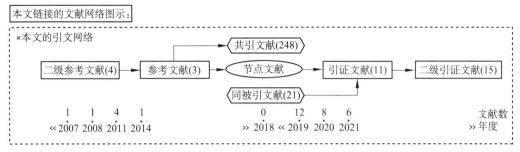

图 2-6 中国知网数据库引文检索界面

▶ 3. 循环法

循环法又称分段法或综合法,它是常用法和追溯法相结合的文献查找方法。先利用常用检索工具或检索系统找出一些有用的文献,再利用文献之后所列的引文进行追溯查找,以取长补短、相互配合,获得更好的检索结果。

2.6 文献检索步骤及其内容

2.6.1 文献检索的步骤

文献检索步骤就是根据既定的课题要求,利用检索工具查找有关文献资料的具体过程。一般来说,文献检索的步骤如图2-7所示。

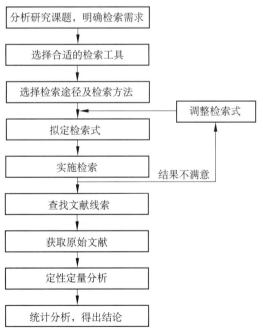

图 2-7 文献检索步骤

2.6.2 文献检索的主要步骤及内容

▶ 1. 分析研究课题

分析研究课题是指在着手查找文献前对课题进行分析,弄清检索的真正意图及实质。

(1) 要明确研究的目的,弄清课题的学科性质和学科范围。

(2) 要了解课题的历史发展概况,以便确定检索年限,尽量减少盲目性。

(3) 要归纳和整理并确定检索标识,如专业名词、主题词、著者姓名、分类号和系统分类等级等。

▶ 2. 选择合适的检索工具

选择合适的检索手段和检索工具,就是确定:用手工检索还是计算机检索;是用国际联机检索还是光盘检索或是网络检索;是用综合性检索工具还是用专业性检索工具或用单一性检索工具。这要根据检索目的和课题内容、要求,馆藏情况,对检索手段的熟悉程度,对检索工具、检索系统、数据库的了解以及检索经费预算等确定,影响要素颇多。

检索工具的选择根据课题内容及具体要求而有所不同。

在查找课题文献时,要留意有无对口的专题目录或文摘刊物,这样可节省时间,减少重复劳动。

主要的检索工具如表 2-3 所示。

表 2-3 主要的检索工具

信息类型	数据库名	检索途径	详细用法所在本书章节
中文图书	超星数字图书馆	书名、主题词	第 3 章
	读秀电子图书网		
	馆藏书目查询系统		
中文期刊	万方数据知识服务平台	题名(篇名)、关键词、中图分类号	第 6 章
	中国知网(CNKI)		
	维普中文科技期刊数据库		
外文期刊	Springer Link 数据库	title、keyword	第 6 章
学位论文	中国知网(CNKI)	题名、关键词	第 7 章
	万方数据知识服务平台		
中国专利	中国国家知识产权局	发明名称、国际专利分类号 IPC	第 7 章
美国专利	美国专利商标局数据库		
国际专利	欧洲专利局		
网页	搜索引擎(百度)	intitle	第 5 章
	科技搜索引擎	title	

▶ 3. 选择检索途径

应根据已知条件选择最易查获所需文献的途径。

▶ 4. 选择检索方法

选择一种花费时间少、检索效果好的检索方法。

▶ 5. 查找文献线索

利用上述途径与方法,可以查出文献题名、著者、出版源(书刊名称,年、卷、期、页等)和文献的内容摘要等文献线索。如需进一步阅读全文,首先必须正确识别文献出处。

▶ 6. 获取原始文献

获取原始文献是检索程序的最后一个步骤。当把文献类型和出版物全称查对清楚之后,即可根据文献出处获取原始文献,一般应由近(本地)及远(外地)。首先要充分利用本单位、本系统、本地区图书馆或科技情报部门的"馆藏目录"或"馆藏卡片"查找,争取就近借阅或复制。如不能满足,则可进一步利用外地或中央有关单位的馆藏目录和联合目录查找收藏情况,联系复制取得原文;或借助先进的网络技术,联系"馆际互借"。必要时也可考虑请国外有关单位和著者提供复制件。在计算机检索中,检索全文型数据库可以直接提供全文或者可以联机(或网上)订购原文,这样非常省时。

总之,在具体的检索过程各环节中,都应根据实际情况灵活运用,切忌刻板、单一,要综合运用已有条件,达到最佳的检索效果。

2.7 文献检索结果评价

查全率(recall ratio)与查准率(precision ratio)是衡量检索效果的两个最常用的指标。

2.7.1 查全率与查准率的含义

▶ 1. 查全率

查全率指系统在进行某一次检索时,数据库中的全部相关文献能查出多少,衡量系统从文献集合中检出相关文献的能力。

$$查全率\ R = \frac{检索出的相关文献量}{数据库中的全部相关文献} \times 100\% = \frac{检出的有用文献数量}{(检出的+漏检的)有用文献数量} \times 100\%$$

(2-1)

▶ 2. 查准率

查准率指系统在进行某一次检索时,从系统文献库中查出的文献有多少是相关的,是检索准确性的测度。

$$查准率\ P = \frac{检索出的相关文献量}{检出的文献总量} \times 100\% = \frac{检出的有用文献数量}{检出的有用文献数量+误检数量} \times 100\%$$

(2-2)

例如,在一次系统检索中,共检出文献100篇,经过专家判定,其中与提问相关的文献为60篇,其余的40篇为误检文献。那么按照上述公式(2-2),本次检索的查准率 P 就等于$(60/100) \times 100\% = 60\%$。假如检索系统中还有90篇相关文献,由于各种原因而未被检出(漏检),那么按照上述公式(2-1),本次检索的查全率就等于$[60/(60+90)] \times 100\% = 40\%$。

【案例】 表 2-4 是某次检索过程的数据记录，分别用三个不同的检索式检出的相关文献量均为 30 篇，系统所包含的全部相关文献量为 60 篇，则哪个检索式更有效？

表 2-4 检索过程记录表

检索式 \ 检索结果记录	检出文献数量（篇）	检出相关文献（篇）	查全率（%）	查准率（%）	分离相关文献需浏览的文献（篇）
检索式 1	50			60	50
检索式 2	80	30	50	37.5	80
检索式 3	120			25	120

由表 2-4 数据分析可得，在查全率相同的情况下，查准率越高，则分离相关文献与无关文献所需花费时间越少。所以，检索式 1 的检索最有效。

对应于衡量检索效果指标（查全率和查准率），有相应的漏检率和误检率。其中：

$$漏检率 = \frac{未检索出的相关文献量}{数据库中的全部相关文献} \times 100\% = 1 - 查全率 \quad (2-3)$$

$$误检率 = \frac{检索出的不相关文献量}{检出的文献总量} \times 100\% = 1 - 查准率 \quad (2-4)$$

由上述公式(2-3)和公式(2-4)可知，漏检率与查全率是一对互逆的检索指标，查全率高，漏检率必然低；误检率与查准率是一对互逆的检索指标，查准率高，误检率必然低。

▶ 3. 查全率与查准率的关系

1957 年，英国 Cranfield 航空学院图书馆馆长、情报学家 C. W. Cleverdon 领导下的研究小组进行了著名的 Cranfield 试验。试验结果证实：查全率与查准率呈互逆关系，其 R-P 曲线关系如图 2-8 所示。无论怎样调整检索策略和改进系统效率，都无法使 P 和 R 同时接近 100%。

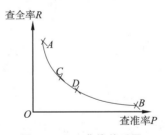

图 2-8 R-P 曲线关系图

(1) 专利新颖性审查，全面检索某一主题的文献。求全，对应于 A 点。
(2) 技术攻关，需要一些相关文献。求准，对应于 B 点。
(3) 查找某一主题的为数不多的"好"文章。在查准率可以接受的情况下，尽可能查全，对应于 C 点、D 点。

2.7.2 查全率和查准率的评价标准

理论上，对每一次信息检索，都可利用公式(2-1)和公式(2-2)计算出其查全率和查准率，对检索效率做出定量化的评价。但是，如果进一步分析，就会发现查准率的计算没有问题，而查全率的计算存在明显的问题，那就是怎样知道漏检文献的数量。

对于小型的试验系统，在进行检索效率评价时，只要把系统中所有的文献都浏览一遍，就能准确地获得漏检文献的数量。然而，在实际运行的检索系统中，由于系统文献总量通常数以百万计，在评价检索效率时，根本不可能浏览系统中所有的文献，因此，也就无法知道漏检文献数量。

所以，在实际的检索评价中，对于漏检文献数量，一般采用近似的估计值。获得漏检文献数量估计值的方法有两种。

（1）利用其他的同类检索系统，进行相同的检索，然后通过对命中结果的分析和比较，推断哪些文献被漏检。

（2）利用原有的检索系统，放大检索范围进行查找，然后对命中结果进行分析，看是否有原先未被检出的相关文献，从而得到漏检文献的近似值。

2.7.3 提高查全率和查准率的基本方法

▶ 1. 提高查全率的方法

（1）扩大检索课题的目标，使用主要概念，排除次要概念。
（2）跨库检索。
（3）逐步扩大检索途径的检索范围。
（4）取消限定条件。
（5）降低检索词的专指度，使用上位词或相关词补充到检索式。
（6）外文单词使用截词检索，中文使用更简短的检索词。

▶ 2. 提高查准率的方法

（1）精确确定检索课题的目标，使用专业词汇。
（2）选择专业性检索工具。
（3）逐步缩小检索途径的检索范围。
（4）使用限定条件。
（5）提高检索词的专指度。

▶ 3. 同时兼顾查全率和查准率的方法

（1）跨库检索。
（2）分类检索和主题检索等结合使用。
（3）尝试多次检索。
（4）预防操作错误。

2.7.4 兼顾查全率和查准率的案例

【案例】 检索课题"我国中小企业财务管理问题及建议"文献资料，如何在保证查全率前提下提高查准率？

本例要保证查全率，可以使用中国知网（CNKI）的跨库检索功能，检索关键词的选择如图2-9所示。

跨库检索结果如图2-10所示。

分类检索具有族性检索功能，查全率较高；主题检索具有特性检索的功能，查准率

图 2-9 跨库检索

高。在期刊论文中提供了中国图书馆分类号,通过试检的检索结果中有关"中小企业财务管理问题及建议或措施"的文章提供了分类号"F275 企业财务管理"。因此,要同时兼顾查全率和查准率,使用主题检索途径结合分类检索途径,调整检索范围,则查全率和查准率都比较理想,检索结果如图 2-11 所示。

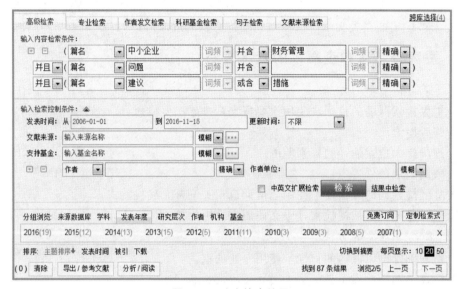

图 2-10 跨库检索结果

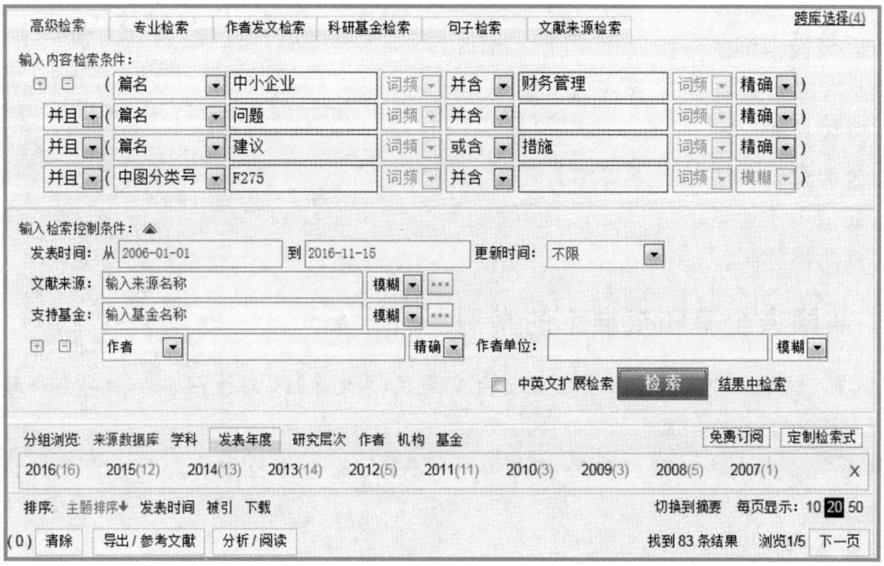

图 2-11 主题检索途径结合分类检索途径的检索结果

思考与习题

1. 阐述文献的内容特征、外部特征和检索入口的关系。
2. 利用分类、主题、著者途径检索文献时应分别注意哪些方面的问题?
3. 利用图书馆网站提供的《中国图书馆分类法》(简称《中图法》),查找自己所在学科专业的分类表。
4. 主题检索途径和分类检索途径的优缺点有哪些?
5. 文献检索的步骤是哪几步?
6. 简要叙述文献检索的途径以及选择检索途径的原则。

第 3 章　网络文献信息检索

> **学习目标**
> 1. 了解搜索引擎的基本概念；
> 2. 掌握常用综合性搜索引擎的使用方法；
> 3. 掌握常用学术性搜索引擎的使用方法；
> 4. 了解搜索引擎发展趋势。

内容框架

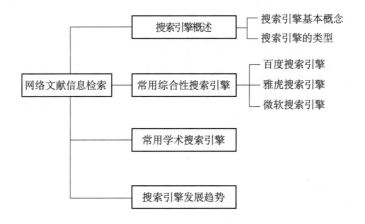

3.1　搜索引擎概述

3.1.1　搜索引擎基本概念

搜索引擎是指互联网上专门提供查询服务的一类网站，这些网站通过网络搜索软件，又称为网络搜索机器人或网站登录等方式，将互联网上大量网站的页面收集到本地，经过加工处理后建库，从而能够对用户提出的各种查询做出响应，提供用户所需的信息。

搜索引擎与二次文献异曲同工，提供给用户的结果是文献线索（链接及其简介），只不过前者采用了超文本技术，单击链接即可浏览原文。

3.1.2 搜索引擎的类型

根据不同的分类标准,可以将搜索引擎分为不同的类型。

▶ 1. 根据其搜索的内容范围划分

根据其搜索的内容范围划分,可将搜索引擎分为综合搜索引擎和专业搜索引擎。

1) 综合搜索引擎

综合搜索引擎是一种查询多学科、多类型信息的搜索引擎,如百度、搜狗等都属于综合搜索引擎。搜狗搜索引擎界面如图 3-1 所示。

图 3-1 搜狗搜索引擎界面

2) 专业搜索引擎

专业搜索引擎指查询某一专题(如 Newsgroup、机票、购物、学术资源等)或某一领域(如政治、经济、文化、体育等)信息的搜索引擎,也可称为专题搜索引擎,如百度的图片搜索引擎等。百度图片搜索引擎如图 3-2 所示。

图 3-2 百度图片搜索引擎界面

▶ 2. 根据搜索引擎的集成程度划分

根据搜索引擎的集成程度划分,可将搜索引擎分为全文搜索引擎、目录搜索引擎和元搜索引擎。

1) 全文搜索引擎

全文搜索引擎是名副其实的搜索引擎，国内有著名的百度搜索，国外代表有谷歌。它们从互联网提取各个网站的信息（以网页文字为主），建立起数据库，并能检索与用户查询条件相匹配的记录，按一定的排列顺序返回结果。

根据搜索结果来源的不同，全文搜索引擎可分为两类，一类拥有自己的检索程序（indexer），俗称"蜘蛛"（spider）程序或"机器人"（robot）程序，能自建网页数据库，搜索结果直接从自身的数据库中调用，谷歌和百度就属于此类；另一类则是租用其他搜索引擎的数据库，并按自定的格式排列搜索结果，如 Lycos 搜索引擎，如图 3-3 所示。

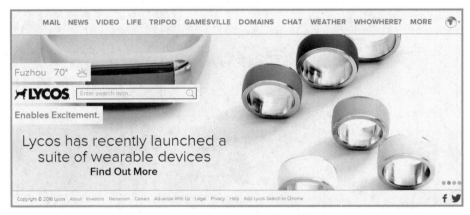

图 3-3　Lycos 搜索引擎界面

2) 目录搜索引擎

目录索引虽然有搜索功能，但严格意义上不能称为真正的搜索引擎，只是按目录分类的网站链接列表而已。用户完全可以按照分类目录找到所需要的信息，不依靠关键词（keyword）进行查询。目录索引中最具代表性的是雅虎（Yahoo）、新浪的分类目录搜索。雅虎的目录搜索界面如图 3-4 所示。

图 3-4　雅虎的目录搜索界面

3) 元搜索引擎

元搜索引擎(META search engine)接受用户查询请求后,同时在多个搜索引擎上搜索,并将结果返回给用户。著名的元搜索引擎有 InfoSpace、Dogpile、Vivisimo 等,中文元搜索引擎中具代表性的是搜星搜索引擎。在搜索结果排列方面,有的直接按来源排列搜索结果,如 Dogpile;有的则按自定的规则将结果重新排列组合,如 Vivisimo。Dogpile 搜索引擎界面如图 3-5 所示。

图 3-5　Dogpile 搜索引擎界面

3.2　常用综合性搜索引擎

搜索引擎在我们的日常生活中起着重要的作用,它是一个为大家提供信息"检索"服务的网站,它使用某些程序把互联网上的所有信息归类,以帮助人们在茫茫网海中搜寻到所需要的信息。

常用的综合性搜索引擎是一种可以查询多学科、多类型信息的搜索引擎,如百度、搜狗、谷歌、Ask、Alta Vista 等。

3.2.1　百度搜索引擎

百度搜索引擎(www.baidu.com)是全球最大的中文搜索引擎,2000 年 1 月由李彦宏、徐勇两人创立于北京中关村,致力于向人们提供"简单、可依赖"的信息获取方式。百度搜索引擎由四部分组成:蜘蛛程序、监控程序、索引数据库和检索程序。高性能的"网络蜘蛛"程序自动地在互联网中搜索信息,可定制、高扩展性的调度算法使得搜索器能在极短的时间内收集到最大数量的互联网信息。

目前的百度提供基于搜索引擎的各种服务,其中包括以网页、新闻、音乐、图片、视频、地图、文库等内容搜索为主的功能性搜索,以贴吧、知道、百科、空间为主的社区搜索，针对各区域、行业所需的垂直搜索，以及门户频道、IM(百度 Hi)等，全面覆盖了中文网站世界所有的搜索需求。百度搜索引擎界面如图 3-6 所示。

图 3-6　百度搜索引擎界面

百度搜索引擎支持符号法则、限制检索法则、自然语法法则，以及特殊的查询法则等，主要语法特点如下。

▶1. 把搜索范围规定在特定的站点中

有时需要找一些特殊的文档，特别是针对专业性比较强的网站，就可以把搜索范围限定在这个站点中，提高查询效率。在查询内容的后面加上"site：站点域名"即可使用。

例如，"SUV site：www.autohome.com.cn"，检索结果如图 3-7 所示。

图 3-7　站点内检索的结果

▶2. 把搜素范围限定在标题中

一般情况下，标题是整篇文章的纲要，把查询内容范围限定在网页标题中，可以有利于快速地找到所需要的文章。把查询内容中特别关键的部分，用"intitle:"作为前缀，即可实现检索。

例如，"网站优化 intitle：论坛"，检索结果如图 3-8 所示。

▶3. 把搜索范围限定在 URL 链接中

网页 URL 中的某些信息常常有某种有价值的含义，对搜索结果的 URL 做某种限定，就可以获得良好的效果。"inurl:"后跟需要在 URL 中出现的关键词即可实现检索。

第3章 网络文献信息检索

图 3-8　标题中检索的结果

例如，想查找关于 Photoshop 的技术类文档，输入"photoshop inurl：jishu"就可以找到相关知识了。其中，"photoshop"可以出现在网页的任何位置，而"jishu"则必须出现在网页 URL 中，检索结果如图 3-9 所示。

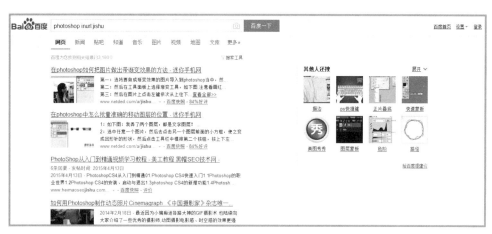

图 3-9　在限定的 URL 中检索的结果

▶ 4. 精确匹配

如果输入的查询词很长，百度在经过分析后，给出的搜索结果可能是拆分的，若不希望拆分查询词，可以给查询词加上双引号。例如，输入"互联网＋"，检索结果如图 3-10 所示。

书名号是百度独有的一个特殊查询语法。加上书名号查询，有两层特殊功能：一是书名号出现在搜索结果中；二是被书名号括起来的内容不会被拆分。

例如，查电影"手机"，如果不加书名号，很多情况下出来的是手机通信工具，而加上书名号后，检索结果就是关于电影方面的了，检索结果如图 3-11 所示。

▶ 5. 要求搜索结果中不含特定查询词

顾名思义，"－"就是你不想要查询的内容。例如，简历模板　一毕业生简历，检索结

图 3-10　加双引号的检索结果

果如图 3-12 所示，注意，前一个关键词和减号之间必须有空格，否则，减号会被当成连字符处理，而失去减号语法功能。

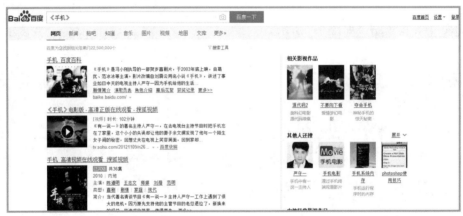

图 3-11　加书名号的检索结果

图 3-12　搜索结果中不含特定词的检索结果

▶ 6. 专业文档搜索

百度支持对 Office 文档（包括 Word、Excel、PowerPoint）、Adobe PDF 文档、TRF

文档进行全文搜索。查询方式可以在查询词后面加"filetype:"进行文档类型限定。例如，查找张五常关于交易费用方面的经济学论文，可以输入"交易费用　张五常　filetype doc"，检索结果如图 3-13 所示。

图 3-13　在 Word 类型的文档进行检索的结果

3.2.2　雅虎搜索引擎

雅虎(www.yahoo.com)是美国著名的互联网门户网站，也是 20 世纪末互联网奇迹的创造者之一。雅虎是最早的"分类目录"搜索数据库，也是最重要的搜索服务网站之一，在全部互联网搜索应用中所占份额为 3.39% 左右(2019 年)。所收录的网站全部被人工编辑按照类目分类。其数据库中的注册网站无论是在形式上还是内容上质量都非常高。雅虎搜索引擎界面如图 3-14 所示。

图 3-14　雅虎搜索引擎界面

中文雅虎支持符号法则、限制检索法则、自然语言法则等，主要语法特点如下。

▶ 1. 方括号

运算符"[]"限定关键词在检索结果中出现的顺序。例如，"[儿童教育 心理健康]"，表示检索结果中"儿童教育"在前，"心理健康"在后。

▶ 2. 加号

运算符"＋"表示查询结果中一定要出现在"＋"后面的字符串。例如，"那英＋歌曲"，搜索结果一定是带有那英歌曲的网站。

▶ 3. 感叹号

运算符"！"表示激活雅虎的快捷搜索，可以快速跳转到雅虎网站的其他栏目进行搜索。这是雅虎的一项专有技术。

▶ 4. 用于针对标题进行搜索

title：加在关键词前面，表示搜索引擎限定在网站的标题中查找。例如，搜索"title：张学友"，搜索引擎会搜索到所有标题中包含"张学友"的网页。

▶ 5. 用于查找所有链接到某个网址的网页

link：表示搜索引擎限定在网址中查找。例如，"link：http：//www.yahoo.com 姚明"，会搜索到所有链接到 www.yahoo.com 的网页中，包含"姚明"一词的网页。注意搜索时不能缺少"http：//"。

▶ 6. 用于限定搜索结果的来源

site：表示如果知道某个站点中有自己需要找的内容，就可以把搜索范围限定在这个站点中，提高查询效率。使用的方式是在查询内容的后面加上 site：站点域名。例如，想查询雅虎网站中报道的姚明信息，可以有以下两种方法。

（1）在搜索框中输入"姚明 site：yahoo.com"（注意中间使用空格隔开）。搜索引擎会搜索到在域名 www.yahoo.com 及其子域名中的所有包含"姚明"一词的网页。

（2）在搜索框中输入"site：姚明 yahoo.com.cn"也可以得到相同的搜索结果。注意，site：后面跟的站点域名不要带"http：//"；另外，site：和站点名之间不要加空格。

3.2.3 微软搜索引擎

Bing.com 是微软公司推出的用以取代 Live Search 的搜索引擎，其简体中文版 bing 于 2009 年 6 月 1 日正式对外开放访问。此款搜索引擎以全新姿态面世，带来新革命。内测代号为 Kumo，命名为 Bing，中文名称为"必应"。必应搜索引擎界面如图 3-15 所示。

图 3-15　必应搜索引擎界面

必应搜索与传统搜索引擎不同，不仅是单独列出一个搜索列表还会对返回的结果加以分类。例如当用户搜索某位歌星的名字时，主要部分的搜索结果会显示在传统的列表中，左侧的导航栏则会显示图片、歌曲、歌词、专辑和视频等分类。当用户输入某一产品名称时,侧边栏则会显示评价、使用手册、价格和维修等类别。而如果输入的是某一城市名称,则会显示地图、当地商业指南、旅游路线以及交通信息等类别。

必应搜索引擎支持限制检索法则、自然语言法则等。主要语法特点如下。

▶ 1. contains

只搜索包含指定文件类型链接的网站。例如,"音乐 contains：wma",表示搜索只包含 .wma 文件链接的网站。

▶ 2. filetype

仅返回以指定文件类型创建的网页。例如,"论文 filetype：pdf",表示查找以 PDF 格式创建的论文。

▶ 3. inanchor：、inbody：、intitle

指定搜索条件(定位标记、正文或标题)的网页,为每个搜索条件指定一个关键字。例如,"inanchor：msn intitle：seo intitle：sem",表示查找定位标记中包含 msn 且正文中包含 seo 和标题为 sem 的网页。

▶ 4. ip

查找特定 IP 地址的网站。例如,"ip：217.4.212.222",表示搜索 IP 地址网站。IP 地址必须是以英文句点分开的地址,且不分大小写。

▶ 5. loc 或 location

返回特定国家或地区的网页。例如,"雕塑(loc：US OR loc：GB)",表示要查看有关雕塑的美国或英国的网页。在关键字 loc 后面直接指定国家或地区代码。若要搜索两种或两种以上语言,可使用逻辑运算符 OR 对语言进行分组。

▶ 6. prefer

着重强调某个搜索条件或运算符,将有关 perfer 后面的放到最前面。例如,"烤鸭 prefer：北京",表示查找烤鸭的相关网页,但搜索内容主要限定在查找北京的。

▶ 7. site

返回属于指定网站的网页。例如,"site：zhihu.com OR douban.com 雕塑",指的是在知乎和豆瓣中搜雕塑,若要搜索两个或更多域,可使用逻辑运算符 OR 对域进行分组。

3.3 常用学术搜索引擎

学术性搜索引擎可以满足各领域专业研究用户的学术方面知识的搜索,可以搜索到相关领域的专家评审文献、论文、书籍、预印本、摘要以及技术报告等。

▶ 1. 百度学术搜索引擎(http：//xueshu.baidu.com/)

百度学术搜索引擎是一个提供海量中英文文献检索的学术资源搜索平台,涵盖了各类学术期刊、会议论文,旨在为国内外学者提供最好的科研体验,界面如图 3-16 所示。

▶ 2. BASE(http：//www.base-search.net/)

BASE 是德国比勒费尔德(Bielefeld)大学图书馆开发的一个多学科的学术搜索引擎,

图 3-16　百度学术搜索引擎界面

提供对全球异构学术资源的集成检索服务。它整合了德国比勒费尔德大学图书馆的图书馆目录和大约 160 个开放资源(超过 200 万个文档)的数据,界面如图 3-17 所示。

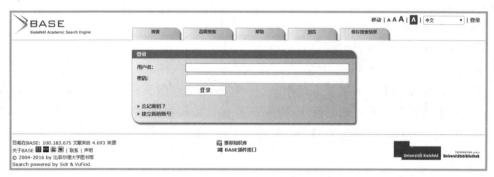

图 3-17　BASE 学术搜索引擎界面

▶ 3. SCIRUS(http：//www.scirus.com/)

SCIRUS 是由爱思唯尔科学公司(Elsevier Science Inc.)于 2001 年 4 月推出的迄今为止国际互联网上最全面的科技信息专用搜索引擎。它以自身拥有的资源为主体,对网上具有科学价值的资源进行整合,集聚了带有科学内容的网站及与科学相关的网页上的科学论文、科技报告、会议论文、专业文献、预印本等。其目的是力求在科学领域内做到对信息全面深入的收集,以统一的检索模式面向用户提供检索服务。

SCIRUS 的检索界面友好,简洁方便,如图 3-18 所示。其检索方式可分为基本检索(basic search)和高级检索(advanced search)两种方式。默认方式为基本检索。

(1) SCIRUS 基本检索非常简单,用户仅需输入检索词,按"Enter"键,或单击"Search"按钮即可得到相关资料。在基本检索的操作中,用户可以选择检索结果的来源,如来自期刊或来自网络。用户还可以选择检索结果与输入词组是否精确匹配。

(2) SCIRUS 高级检索支持逻辑检索。"AND"表示检索结果中必须包括所有的检索词、"OR"表示检索结果中至少包含一个检索词、"AND NOT"表示前面的检索词将一定包含于检索结果中,而后面的检索词则一定不出现在检索结果中。在高级检索的操作中,用户还可以选择检索字段、年限、信息来源等来限定检索结果。

第3章 网络文献信息检索

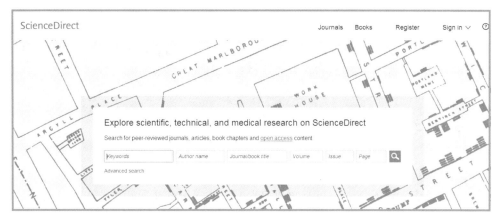

图 3-18 SCIRUS 学术搜索引擎界面

▶ 4. INFOMINE(http://infomine.ucr.edu/)

INFOMINE 是为大学教师、学生和研究人员建立的网络学术资源虚拟图书馆。它建于 1994 年,由加利福尼亚大学、威克福斯特大学、加利福尼亚州立大学、底特律—麦西大学等多家大学或学院的图书馆联合建立,拥有电子期刊、电子图书、公告栏、邮件列表、图书馆在线目录、研究人员人名录,以及其他类型的信息资源 4 万多个。INFOMINE 对所有用户免费开放,但是它提供的资源站点并不都是免费的,能否免费使用取决于用户所在图书馆是否拥有该资源的使用权。

INFOMINE 的检索界面友好,如图 3-19 所示。其检索方法简单易用,检索功能包括基本检索、高级检索和浏览三种方式。

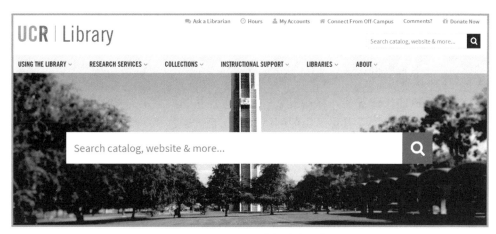

图 3-19 INFOMINE 学术搜索引擎界面

(1) 基本检索:在 INFOMINE 首页的检索框中直接输入检索词(主题词、作者、关键词等),单击"Search"或"Enter"键就可以检索出相关资料。

(2) 高级检索:输入检索词,可使用逻辑检索(AND、OR、AND NOT)或特定符号[*、||、()、""等]来扩大、缩小检索范围。在高级检索中,通过菜单和下拉菜单中命令的组合使用,可以限定检索范围(如关键词、主题词、资源描述、作者、标题等)、限定检索的数据库范围、限定资源的类型和路径,以及检索结果的显示方式,每页显示的检索

结果数和检索结果的排序方式。

（3）浏览：对于普通用户而言，浏览是一种有效和常用的检索方式。INFOMINE在基本检索、高级检索和每个数据库的页面下，都提供浏览功能，可以从目次表、美国国会图书馆主题词表、标题、关键词和作者等途径进行浏览，查找所需的资料。

3.4 搜索引擎发展趋势

搜索引擎诞生至今已有几十年的历史，搜索技术一直在不断地变化，从最初的目录式搜索到关键词搜索、语音搜索，以及图片搜索等，搜索引擎在不断进化中，这与互联网的发展趋势密切相关。最近几年，互联网在经过了Web 1.0信息共享、Web 2.0信息共建、Web 3.0知识传承到互联网的Web 4.0的时代，又迎来了以互联网用户的个性化和社交化为中心的趋势。同时，移动设备的逐渐流行及上述两大趋势的融合，催生了很多新型应用。这对搜索引擎来说，也产生了新的挑战。现在归纳以下：

▶ 1. 社会化搜索

传统搜索技术强调搜索结果和用户需求的相关性，社会化搜索除了相关性外，还额外增加了一个维度，即搜索结果的可信赖性。对某个搜索结果，传统的结果可能成千上万，但处于用户社交网络内其他用户发布的信息、点评或验证过的信息则更容易信赖，这是与用户的心理密切相关的。社会化搜索为用户提供更准确、更值得信任的搜索结果。

▶ 2. 实时搜索

随着微博的个人媒体平台兴起，对搜索引擎的实时性要求日益增高，这也是搜索引擎未来的一个发展方向。实时搜索最突出的特点是时效性强，越来越多的突发事件首次发布在微博上，实时搜索的核心强调的就是"快"，要求用户发布的信息第一时间能被搜索引擎搜索到。

▶ 3. 移动搜索

随着智能手机的快速普及，移动搜索一定会更加快速的发展，所以移动搜索的市场占有率会逐步上升，而对于没有移动版的网站来说，百度也提供了"百度移动开放平台"来弥补这个缺失。

▶ 4. 个性化搜索

个性化搜索的核心是根据用户的网络行为，建立一套准确的个人兴趣模型。

▶ 5. 地理位置感知搜索

手机的GPS应用，这是基于地理位置感知的搜索，而且可以通过陀螺仪等设备感知用户的朝向，基于这种信息，可以为用户提供准确的地理位置服务以及相关搜索服务。

▶ 6. 跨语言搜索

将中文的用户查询翻译为英文查询，目前主流的方法有3种：机器翻译、双语词典查询和双语语料挖掘。对于一个全球性的搜索引擎来说，具备跨语言搜索功能是必然的发展趋势，而其基本的技术路线一般会采用查询翻译加上网页的机器翻译这两种技术手段。

▶ 7. 多媒体搜索

多媒体搜索比纯文本搜索要复杂许多，一般多媒体搜索包含4个主要步骤：多媒体特征提取、多媒体数据流分割、多媒体数据分类和多媒体数据搜索引擎。

▶ 8. 情境搜索

情境搜索能够感知人与人所处的环境，针对"此时此地此人"来建立模型。比如某个用户在苹果专卖店附近发出"苹果"这个搜索请求，基于地点感知及用户的个性化模型，搜索引擎就有可能认为这个查询是针对苹果公司的产品，而非对水果的需求。

│思考与习题│

1. 搜索引擎可以分为哪些类型？
2. 常用搜索引擎有哪些，举例并说明其特点？
3. 百度搜索引擎和谷歌搜索引擎的检索语法各有什么特点？
4. 搜索 2 篇名称为"搜索引擎使用技巧"、格式为 doc 的文档，写出相关语法格式，并把搜索结果截图。
5. 用百度和谷歌搜索小说"手机"，关键词分别用普通输入、双引号或书名号输入。写出相关语法格式，把搜索结果截图，并比较哪个检索效果好。
6. 请举例说明搜索引擎中 filetype、site、""这三个高级检索语法的功能。

要求：

1) 请问上述语法的作用是什么？什么情况下用到这些语法？
2) 自己设计一个或多个检索案例，体现这些语法的功能，说清楚检索意图和检索表达式，并对检索效果进行评价。

7. 检索 2021 年诺贝尔物理奖获奖者的情况（包括获奖者姓名、简介以及他们的获奖成果）。
8. 说明布尔逻辑检索（AND、OR、NOT）的含义，并利用百度检索举例截图说明。

第 4 章 事实型信息检索和数值型信息检索

> **学习目标**
> 1. 了解事实型信息检索和数值型信息检索的定义和检索方法；
> 2. 掌握常用参考工具书中事实型信息和数值型信息的检索方法。

内容框架

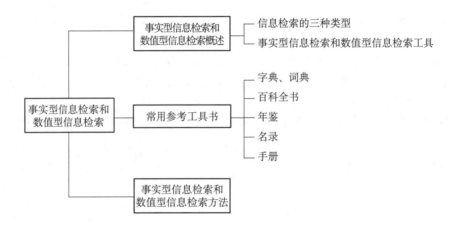

4.1 事实型信息检索和数值型信息检索概述

4.1.1 信息检索的三种类型

根据检索对象形式的不同，信息检索可分为事实型信息检索（fact retrieval）、数值型信息检索（data retrieval）和文献型信息检索（document retrieval）三种类型。

事实型信息检索是以特定的事实为检索目标，通过文献档案或参考工具书直接或经分析综合得出事实或知识性的答案。数值型信息检索是以数据、图表、参数、公式等为检索目标，利用有关参考工具书进行检索的过程。文献型信息检索是以文献为检索目标，利用题录、索引、文摘等有关文献检索工具，从存储的文献集合中查找出所需特定文献的过程。

信息检索三种类型之间的区别：文献型信息检索是一种相关性检索，获得的一般是文献线索或者文献本身，在获得结果后需要进一步阅读分析才能使用。而事实型信息和数值型信息检索获得的结果是具体的事实和数据等信息原始资料，可以直接利用，是一种直接的确定性检索。以检索学术文献为例，事实型信息检索是要检索出包含在文献中的具体信息；文献型信息检索则是要检索出包含所需要信息的文献。本章重点讲解事实型检索和数值型检索。

4.1.2 事实型信息检索和数值型信息检索工具

事实型信息检索工具，是指广泛汇集某一领域的文献信息（如名词术语、事件、人名信息、地名信息、机构信息、产品信息等）按一定方法编排，专供检索有关事实信息和解难释疑的工具，如百科全书、年鉴、手册、表谱、图录、名录等检索工具。

数值型信息检索工具，是指能够提供各类数值信息（如各种科学数据、人口数据、管理数据、金融数据、财政数据、商业数据等）的检索工具，是进行各种统计分析、定量研究、管理决策和预测的重要工具，如各类统计年鉴、统计资料汇编和统计数据库等。

4.2 常用参考工具书

参考工具书是指根据人们的需要，把某一范围的知识或资料加以分析、综合或浓缩，并按一定的方法编排，以备查阅、参考，用以解决有关事实和数据方面的检索工具，常用的参考工具书主要包括字（词）典、百科全书、年鉴、名录、手册、表谱、图录等。参考工具书是三次文献，具备查考性、概述性、易检性等特点，是事实型或数值型信息检索工具。

▶ 1. 参考工具书的结构

除普通图书的各要素外，工具书通常由六部分构成：序、跋（前言），凡例（排检方法、著录规则、注意事项等），目录，正文，辅助索引和附录。

▶ 2. 参考工具书的类型

按照出版方式的不同，参考工具书可分为印刷版、电子版和网络版。

(1) 印刷版，是指以解释事实与数据为目的，以经过组织的知识要点或数据图表为内容的出版物，是图书的一种类型。常用的有字、词典、百科全书、年鉴、手册、名录等。

(2) 电子版，是指印刷版参考工具书的电子版本，如电子化字（词）典、辞典、电子百科全书、电子手册等。

(3) 网络版。

4.2.1 字典、词典

▶ 1. 字典、词典概述

字典的作用是汇集单字，主要解释字的形体、读音、含义及其用法，并按照一定方法编排，以便查阅的工具书。词典的作用是汇集词语，解释概念、词义和用法，并按一定方式编排，供查检的参考工具。如果有诸如词的起源、派生、用法、同义词与反义词、方言、俚语、缩写字、短语和生僻字等问题，可直接找这类工具书。

字典、词典一般包括正文、辅助说明、目录索引和相关说明。字典、词典的正文一般按音序字母或字顺排列；辅助说明可以了解该字典、词典的编制目的、使用对象、取材范围和编排方法；目录索引主要是方便查检；字典、词典后面附的参考资料对事实型和数值型信息检索很有参考价值。

最早的字典《说文解字》由东汉许慎编著，是以分析字形为主的字典，首创部首排检法。最早的词典《尔雅》是历先秦汉代的跨代集体著作，以讲字义为主。现存最早而完整的韵书是《广韵》，以讲字音为主，在宋代已被读书人作为通用字典使用。

▶ 2. 常用的印刷型字典、词典

常用的印刷型字典、词典有《新华字典》《汉语大字典》《古汉语常用字字典》《中华大字典》《现代汉语词典》《汉语大词典》《汉语成语大词典》《牛津英汉双解词典》《汉英大词典》等。

▶ 3. 在线字典、词典

常用的在线字典、词典及网址有：汉典（http：//www.zdic.net/）、中华在线词典（http：//www.ourdict.cn/）、知识辞典（http：//www.dic123.com/）、OneLook 词典（http：//www.onelook.com/）、韦氏词典（http：//www.merriam-webster.com）、TheFreeDictionary（http：//www.thefreedictionary.com/）、新华字典（http：//xh.5156edu.com/）、海词词典（http：//sh.dict.cn）、金山词霸在线翻译词典（http：//www.iciba.com/index.php）、FOLDOC 计算机词典（http：//foldoc.org/）、TigerNT（http：//www.tigernt.com/）、AmosWEB（http：//www.amosweb.com/）、牛津英语在线词典（http：//www.oed.com）、多语种翻译词典（http：//dictionaries.travlang.com/）、Your dictionary（http：//www.yourdictionary.com/）、吕氏网上词典（http：//www.lexiconer.com/）等。

4.2.2 百科全书

▶ 1. 百科全书概述

百科全书源于希腊，约有 2000 年的编纂历史。目前全世界出版的大型综合性的百科全书已有 200 多种。百科全书是主要概述人类一切门类知识或某一学科知识的完备的工具书。它包括各学科或某学科的基本知识和重要研究成果，对每一学科提供定义、原理、方法、历史和现状、统计、书目等多方面的资料，被誉为"工具书之王"，具有概述性、完备性、权威性等特点。

百科全书的类型，按收录范围可分为综合性、专科性百科全书；按地区范围可分为国际、国家与区域性百科全书；按读者对象可分为成人、青年、少年、儿童百科全书。

百科全书提供释疑解惑的工具书功能以及全面系统地提供知识的教育功能，我们可以利用百科全书查阅各学科的概述、专名、术语，世界各国的人物、历史、地理、团体、机构等。百科全书被称为人们求学中的"无墙大学"和"精细图书馆"。

▶ 2. 常用的印刷型百科全书

1)《中国大百科全书》

《中国大百科全书》是我国第一部具有权威性的大型综合百科全书。它自 1978 年开始编纂，1993 年出齐，全书 74 卷（正文 73 卷，总索引 1 卷），总条目 77 859 条，总字数 1.2 亿多。全书有 66 个学科和知识门类，对有关中国的内容做了比较充分、权威的反映；自然科学和技术方面的内容所占比重较大。

2)《不列颠百科全书》

《不列颠百科全书》(*Encyclopedia Britannica*, EB)又称《大英百科全书》,是当代世界上声誉最高、最有权威性的大型综合性百科全书之一,号称"百科全书之王",为著名的英语世界的"ABC 百科全书"中之 B。该书原由英国不列颠百科全书出版社出版,现由位于美国芝加哥的 Encyclopaedia Britanniaca Inc 出版。由世界各国、各学术领域的著名专家学者(包括众多诺贝尔奖得主)为其撰写条目。该书囊括了对人类知识各重要学科的详尽介绍,以及对历史及当代重要人物、事件的翔实叙述,其学术性和权威性为世人所公认。

3)《美国百科全书》

《美国百科全书》(*Encyclopedia Americana*, EA)是美国出版的第一部大型综合性百科全书。在英语百科中,论其内容的权威性仅次于《不列颠百科全书》,为著名的英语世界的"ABC 百科全书"中之 A。《美国百科全书》于1829—1833 年问世,由美国"四大百科出版商"之一的 Grolier 公司出版,到现在已有 170 多年历史。《美国百科全书》虽称"国际版",但内容仍不免偏重美国和加拿大的历史、人物和地理资料;内容范围偏重历史、地理和传记,约 40%的条目是传记,20%是地理。它收录了许多在其他百科中找不到的美国古今人物,有历史意义的文献收录较丰富,如《美国宪法》《独立宣言》《奴隶解放宣言》《华盛顿告别辞》等。历史分世纪设条,给读者以全世界政治、社会和文化的世纪总览,并提供完整的历史背景情况。

4)《科利尔百科全书》

《科利尔百科全书》(*Collier's Encyclopedia*, CE)这是一部 20 世纪新编的大型英语综合百科全书,为著名的英语世界的"ABC 百科全书"中之 C。其收录范围不如《美国百科全书》那样强调美国历史、人物、科技等,而注重各科知识的综合平衡,适合非专业人员、青年学生、家庭使用和阅读。材料新颖及时,书后所附的参考书目为各百科全书之冠,起到追溯研究的作用。条目设计针对学校的课程,在物理学、生命科学、地球科学、社会科学和人文科学方面提供了丰富的资料,但深度和广度不如《不列颠百科全书》和《美国百科全书》。《科利尔百科全书》注重事实,理论性阐述较少。

▶ 3. 在线百科全书

常用的在线百科全书及网址有百度百科(http://www.baike.baidu.com)、维基百科(http://www.wikipedia.org)、Encyclopedia Britannica Online (http://www.britannica.com)、McGraw-Hill/Access Science(http://www.accessscience.com/)、Grolier Multimedia Encyclopedia(http://go.grolier.com)、Encyclopedia.com(http://www.encyclopedia.com)和在线中国大百科全书(http://www.cndbk.com.cn)。

4.2.3 年鉴

▶ 1. 年鉴概述

年鉴是收录某年内发生的事情和其他动向性问题的年度性出版物,其内容包含年内的各类事实、数据、统计资料、图表、图片及近期发展动向等。年鉴有综合性和专科性之分;按其收录的地域范围不同,有地区性年鉴、国际性年鉴和世界性年鉴等。

2. 常用的印刷型年鉴

1)《中国百科年鉴》

《中国百科年鉴》是综合性年鉴，于1980年创刊，是新中国成立后第一次按年出版的综合性百科年鉴，是《中国大百科全书》各卷尚未及时收录资料的补充。它记载和反映年度内我国各个领域取得的成就，同时也择要介绍世界各国的重大事件和各方面的新情况。《中国百科年鉴》由概况、百科、附录三部分组成，包括政治、军事、外交、法律、经济、工业、农业、交通邮电、科学技术、哲学、社会科学、文学艺术、教育卫生、体育等19个部类。

2)《中国农业年鉴》

《中国农业年鉴》于1980年创刊，是新中国成立以来出版的第一部农业年鉴，是反映我国农业、林业、畜牧业、渔业、乡镇企业、农垦、农机、水利、气象及农业教育等情况的资料性工具书，属于专业性年鉴。

3)《中国统计年鉴》

《中国统计年鉴》于1982年创刊，采用中文、英文两种版本向国内外发行，是一部全面反映我国经济和社会发展情况的工具书。它收录了全国和各省、自治区、直辖市经济和社会各方面的大量统计数据，以及历史上重要年份和近十年的全国主要统计数据。此外还附有我国台湾地区的主要经济指标，以及我国经济指标同世界主要国家和地区比较等内容。

4)《中国经济年鉴》

《中国经济年鉴》由该年鉴编辑委员会编著，经济管理杂志社出版。《中国经济年鉴》是资料性年刊，全面系统地反映我国国民经济发展的新成就、新经验、新问题和新趋势。

5)《世界经济年鉴》

《世界经济年鉴》收录了世界经济的动态资料。

3. 在线年鉴

常用的在线年鉴有中国年鉴信息网（http：//www.chinayearbook.com）、中国年鉴网（http：//www.yearbook.cn）、中华人民共和国国家统计局（http：//www.stats.gov.cn/）、中国统计年鉴信息网（http：//www.chinastatisticalyearbook.com/）、国务院发展研究中心信息网（http：//www.drcnet.com.cn）、中国经济信息网（http：//www.cei.gov.cn）、World Almanac（http：//firstsearch.oclc.org/FSIP）和Europa World（http：//www.europaworld.com）。

4.2.4 名录

1. 名录概述

名录是提供有关专名（人名、地名和机构名录等）的简要工具书，内容涉及比较广泛。人们可以从名录中查找关于人物生平、机构组织和某一行政区划沿革等信息。

名录按收集信息的内容的不同，可分为人名录、地名录、物名录和机构名录。人名录又称"名人录"，是介绍某一方面人物生卒年、学历经历、荣誉、著作等资料的检索工具。地名录是收录经审定的规范化的地方名称，并注明所属的国家、行政区划以及在地图集上的具体位置的工具书。机构名录又叫机构指南，是汇集机构名、人名、地名等专有名词及与之相关的资料的一种工具书，具有简明、新颖、确实等特点。

2. 常用的印刷型名录

1) 人名录

人名录是对某一范围、某一地域、某一时期内的知名人物的姓名和简历的汇编。一般是以人物的姓名为条目，按字顺排列。人名录有综合性人名录和专业性人名录，如《世界名人录》《中国当代名人录》《国际名人录》《近代农业名人录》《世界农学家名录》《农业名人录》等。

2) 地名录

地名录是经审定后规范化的地名工具书，一般按字顺排检，可与地名词典、地名索引、地名译名手册和地图配合使用，如《世界地名录》《全国乡镇地名录》《中国地名录》《中华人民共和国地图集地名索引》等。

3) 物名录

物名录是同类或同种物名的汇编，包括产品名录、动物名录、植物名录、矿物名录等，如《中国真菌总汇》《中国鸟类分布名录》《哺乳动物分布名录》《中国水稻害虫天敌名录》《中国农工商企业产品名录》等。

4) 机构名录

机构名录是介绍各种组织机构概况的工具书，也称行业名录、机构指南或机构名称字典等。通过此类工具书可查检各种组织机构的名称(全称、缩写)、性质、宗旨、历史、成员、负责人、活动、出版物、地址、电话号码等资料，如《中国企事业名录大全》《中国工商企业名录》《中国科研单位名录》《中国企事业名录全书》《世界咨询业名录》《中国技术咨询服务机构名录》《全国医院名录》《中国科学研究与技术开发机构要览》。

3. 在线名录

1) 人物信息检索网站

常用的人物信息检索网站有 Marquis Who's Who(http://www.marquiswhoswho.com)、Biographical Dictionary(http://www.s9.com/biography)、Biography-center 传记中心(http://www.bilgraphy-center.com)、Biography.com(http://www.biography.com)、Wilson 人物传记图文数据库(http://www.hwwilson.com)、American National Biography Online(http://www.anb.org)、Gale 人物(http://galegroup.com)、Yahoo People Search(http://people.yahoo.com)和国际名人网(http://www.8999.net/gm)。

2) 机构信息检索网站

常用的机构信息检索网站有：College and University Rankings(http://www.library.uiuc.edu/edx/rankings)、College Net 数据库(http://cnsearch.collegenet.com/cgi-bin/CN/index)、世界厂商名录数据库(http://www.kompass.com)、Infobel.com(http://www.infobel.com)、CI：Corporate Information(http://www.corporateinformation.com)、Hoover's Online (http://www.hooversonline.com)、康帕斯世界企业、产品名录(http://www.kompass.com)、美国医疗机构名录(http://dirline.nlm.nih.gov)、加拿大高校名录(http://oraweb.aucc.ca)、中华工商网(http://www.chinachamber.com.cn)、中国网上 114(http://www.china-114.net)和中国电信黄页(http://www.locoso.com)。

4.2.5 手册

手册是汇集某一方面经常需要查考的文献、数据资料或专业知识的工具书。手册的名称很多,如指南、便览、一览、大全等。收录内容多为分式、数据、规格、条例和图表等。

手册分为综合性手册和专业性手册,综合性手册如《中华人民共和国资料手册》《经济工作手册》《中国图书情报工作实用大用》等,专业性手册如《工程手册》《农业数据手册》等。

常用的在线手册查询网站有 The NIST Reference On Constants, Units, and Uncertainty(http://physics.nist.gov)、Web Elements Periodic Table(http://www.webelements.com)、彼得森研究生指南(http://www.petersons.com)和默克诊疗手册(http://www.msdchina.com.cn)。

4.3 事实型信息检索和数值型信息检索方法

事实型信息检索和数值型信息检索从分析检索课题、制定检索方案、实施检索、归纳检索结果四个方面进行检索。

▶ 1. 分析检索课题

分析检索课题的要求是弄清楚:检索课题的主要内容,涉及的学科专业范围,资料或数据的数量、水平、语种、时限和解答方式的要求等。找出检索课题的关键所在,明确解决问题的基本要求,从而形成反映中心问题的主题概念,即拟出关键词。

▶ 2. 制定检索方案

(1) 手工检索:书目,印刷型索引、文摘、综述等,参考型工具书,专著,教科书等。

(2) 光盘检索:各种光盘版的文献数据库(如人大复印资料全文数据库光盘版、随书光盘数据库)。

(3) 联机检索:各种联机文献数据库(如 Dialog、OCLC 等)。

(4) 网络检索:各图书馆的书目检索系统、学术文献数据库、搜索引擎、学科门户网站等可利用的一切网络资源。

▶ 3. 实施检索

根据不同的课题要求,使用单一检索工具或多种检索工具结合使用实施检索。

▶ 4. 归纳检索结果

对检索工具所得的结果,应给予系统整理和认真审核,做出取舍判断,从收集的资料中定位需要的答案。

│思考与习题│

1. 检索本专业的重要名词术语,需要使用哪些检索工具?
2. 请问英语世界的"ABC 百科全书"是什么?
3. 查找福建省 2020 年经济方面的信息资料应用哪一年出版的年鉴?请写出 2 种以上的检索工具。

第 5 章 图书信息检索

学习目标

1. 了解图书的基础知识；
2. 掌握印刷型图书和电子图书信息检索的相关数据库使用和检索方法。

内容框架

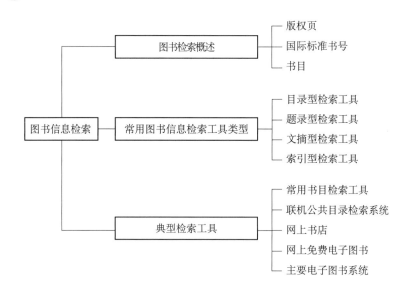

5.1 图书检索概述

  图书是以传播知识为目的，用文字或其他信息符号记录于一定形式的材料之上的著作物；图书是人类社会实践的产物，是对某一领域的知识进行系统阐述或对已有的研究成果、技术和经验等进行归纳、概括的第一大文献信息源，是文献信息体系的重要组成部分，是人们学习知识的主要工具和途径。联合国教科文组织对图书的定义是：凡由出版社（商）出版的不包括封面和封底在内 49 页以上的印刷品、具有特定的书名和著者名、编有国际标准书号、有定价并取得版权保护的出版物，称为图书。纸质书的优点是阅读不消耗电能，可以适用于任何明亮环境，一些珍藏版图书更具有收藏价值；而缺点在于占用空间太大，不容易复制，一些校勘错误会永久存在，而且价格比较贵。

电子图书是指以数字代码方式将图、文、声、像等信息存储在磁、光、电介质上，通过计算机或类似设备使用，并可复制发行的大众传播体。随着时代的发展，电子图书成为网络时代的数字化出版的主流方式。电子图书多样化的形态为满足读者不同的使用需求提供了可能。电子图书作为一种新形式的书籍，拥有许多与传统书籍不同的或者是传统书籍不具备的特点：不需要大型印刷设备，因此制作费用也低；不占空间；必须通过电子计算机设备读取并通过屏幕显示出来；具备图文声像结合的优点；可检索；可复制；有更高的性价比；有更大的信息含量；有更多样的发行渠道；方便在光线较弱的环境下阅读；文字大小颜色可以调节；可以使用外置的语音软件进行朗诵；没有损坏的危险。但缺点在于容易被非法复制，损害原作者利益；长期注视电子屏幕有害视力；有些受技术保护的电子书无法转移给第二个人阅读。

对于图书信息检索而言，各种书目是进行图书检索的主要工具，书名、著者、出版社、国标标准书号等是从图书外表特征进行检索的主要途径。了解图书版权页、国际标准书号、书目等对提高图书信息检索能力十分重要。

5.1.1 版权页

图书版权页，是一种行业习惯称呼，是指图书中载有版权说明内容的书页。在国家标准中，它实际上是图书书名页中的主书名页背面。版权页是一本图书版本情况的记录，包含一本书的重要信息：书名、作者或者译者姓名、出版社、发行者、编者、印刷者名称及地点、版次、印次、印数、开本、印张、字数、出版年月、定价、国际标准书号等内容。版权页主要供读者了解图书的基本情况，提供了图书信息检索的许多基本内容。

5.1.2 国际标准书号

国际标准书号 ISBN 是专门为识别图书等文献而设计的国际编号。ISO（国际标准化组织，International Organization for Standardization，ISO）于1972年颁布了ISBN国际标准，并在西柏林普鲁士图书馆设立了实施该标准的管理机构——国际ISBN中心。现在，采用ISBN编码系统的出版物有图书、小册子、缩微出版物、盲文印刷品等。在联机书目中ISBN可以作为一个检索字段，从而为用户增加了一种检索途径。

5.1.3 书目

书目是图书或报刊目录的简称。它著录和提示一批相关的文献，按一定的次序编排而成，是一种登记、报道和宣传文献的检索工具。书目又称目录，它对文献的描述比较简单，每一个条目的著录项有书(刊名)、卷数、作者、出版年月、出版地及书(刊)收藏情况等。

书目对于读书治学的作用表现在两个方面：一是指导读书的门径，通过书目可以大致了解各类图书的出版状况，每种图书的信息内容，并根据自己的需求和爱好选择取舍；二是指导科学研究工作，通过书目可以了解本学科的研究历史和研究现状。特别是通过各类新书目，可以掌握本学科最新研究成果，这对研究学术源流、确定研究课题是非常重要的。

5.2 常用图书信息检索工具类型

目前可供人们使用的图书信息检索工具有很多,不同的检索工具具有不同的特点,可以满足不同的信息检索的需求。检索工具按照不同的标准可以划分为不同的种类,其中常用的图书文献检索工具就是按照著录格式的不同而划分的。具体分类如下。

5.2.1 目录型检索工具

目录是指对图书、期刊(单位出版物)外表特征的揭示和报道。根据不同的划分标准,目录也有不同的类型。按文献的类型划分,可分为图书目录、期刊目录、资料目录等;按其作用划分,可分为发行目录、藏书目录;按检索途径划分,可分为书名目录、著者目录、分类目录、主题目录;按其物质形态划分,可分为卡片式、书本式、机读型。目录的种类很多,对于图书信息检索来说,国家书目、联合目录、馆藏目录等尤为重要。

目录型检索工具是记录具体出版单位、收藏单位及其他外表特征的工具,如图 5-1 所示。它以一个完整的出版或收藏单位为著录单元,一般著录文献的名称、著者、文献出处等。目录是世界上最早出现的一种检索工具。

会计学原理/杨文,熊艳,卢铁玲主编.—北京:清华大学出版社,2022.5
普通高等教育新形态教材
ISBN 978-7-302-60639-0
Ⅰ.①会… Ⅱ.①杨… ②熊… ③卢… Ⅲ.①会计学-高等学校-教材 Ⅳ.①F230
中国版本图书馆 CIP 数据核字(2022)第 068126 号

图 5-1 纸质书本式目录著录格式

5.2.2 题录型检索工具

题录型检索工具是在目录的基础上发展起来的,是以单篇文献为基本著录单位来描述文献外表特征(如文献题名、著者姓名、文献出处等),无内容摘要,是快速报道文献信息的一类检索工具。它与目录的主要区别是著录的对象不同。目录著录的对象是单位出版物,题录的著录对象是单篇文献,题录对于信息的报道快、全,出版迅速,是查找最新文献检索的重要工具。

5.2.3 文摘型检索工具

文摘型检索工具是通过描述文献的外部特征和内容摘要来报道文献的一种检索工具,是二次文献的核心。它以较少的文字反映文章的重点内容,包括研究目的、学术观点、研究方法、数据、结论等。读者能通过文摘判断是否为所需的内容,以免误检、漏检;快速而准确地阅读,节省阅读全文的时间,提高查全率和查准率。文摘型检索工具主要描述文献的内容特征,在揭示文献的深度和检索功能方面优于题录型检索工具。文摘有时可替代原文,可帮助读者克服语言上的障碍,便于手工检索也便于计算机检索,是撰写评述文献(三次文献)的工具。

文摘型检索工具按照其摘要的详简程度，可分为指示性文摘、报道性文摘和指示报道性文摘。

指示性文摘根据原文的主题与内容梗概编写，以最简短的语言写明文献题目、内容范围、研究目的和出处，不涉及具体的技术问题。实际上是题目的补充说明，概括性强，字数较少，一般在100字左右。

报道性文摘以揭示原文论述的主题实质为宗旨，基本上反映了原文内容、讨论的范围和目的、采取的研究手段和方法、所得的结果或结论，同时也包括有关数据、公式，它反映的内容具体、客观，不带有任何评价。一般在500字左右，重要文章可多达千字，是原文内容的缩写。

指示报道性文摘兼具报道性文摘与指示性文摘的特点，一般为300～500字。

文摘型检索工具按照文摘的编写人，可分为著者文摘和非著者文摘。著者文摘是指按原文著者编写的文摘；而非著者文摘是指由专门的熟悉本专业的文摘人员编写而成。

5.2.4　索引型检索工具

索引型检索工具是根据一定的需要，把特定范围内的某些重要文献中的有关款目或知识单元，如书名、刊名、人名、地名、语词等，按照一定的方法编排，并指明出处，为用户提供文献线索的一种检索工具。索引款目由标目、地址和说明语三部分组成，其中标目和地址为必备。索引一般附于文献的后面，用于检索文献的正文信息。索引的类型是多种多样的，在检索工具中，依据标目的不同，索引可分为主题索引、关键词索引、作者索引、篇名索引、ISBN号索引、号码索引、单位索引等。常用的索引类型有分类索引、主题索引、关键词索引和著者索引等。

按照载体形式不同，索引型检索工具可分为书本式检索工具、磁带式检索工具、卡片式检索工具、缩微式检索工具和胶卷式检索工具。

按加工文献和处理信息手段的不同，索引型检索工具可分为手工检索工具和机械检索工具。

下面介绍索引的作用。

(1) 为查找特定的文献或事实提供多种检索途径。
(2) 揭示事物之间的联系。
(3) 揭示出容易被人们忽视的内容。
(4) 为读者了解某一学科或领域的全面文献信息提供途径。

5.3　典型检索工具

根据检索工具对图书揭示的深度不同，一般有两种类型的工具：第一种，是指目录、索引及光盘和网络的目录数据库等二次检索工具，首先获得有关图书的相关信息，再继续查找全文。这包括印刷的书目工具、各种信息机构的图书馆馆藏目录数据库、地区性的或国际性的联机图书目录查询系统以及专业出版机构的图书书目查询系统，如出版机构、网上书店、读书俱乐部、图书论坛和书评网站相关书目信息。第二种，是指可获得图书全文的一次检索工具,包括光盘版的全文图书库和网络全文数字图书网,国内的如超星数字图书馆、书生数字图书馆等。

5.3.1 常用书目检索工具

▶ 1.《全国总书目》

《全国总书目》是国内唯一的年鉴性编年总目,自1949年以来逐年编纂,收录全国当年出版的各类图书,是出版社、图书馆、情报资料和科研教学等部门必备的工具书。《全国总书目》以中国版本图书馆征集的样本为依据,收录当年中国出版的公开发行和只限国内发行的各种文字的初版和改版图书(不包括重印书),也收录中小学、师范学校、业余学校教学用书。它由分类目录、专题目录和附录3部分组成。分类目录是主要部分,收录中文出版的图书。专题目录主要收录技术标准、盲文书籍、翻译图书、丛书等。附录包括当年国内报纸、杂志目录、出版家一览表,书名索引,各类图书分类统计表等。

《全国总书目》检索途径分为分类途径和书名途径。分类途径是指该书正文主要按分类进行编排。书名途径是指在知道书名的情况下,利用附录中的书名索引查找图书。

▶ 2.《全国新书目》

《全国新书目》1950年创刊时为月刊,原由国家版本图书馆编辑,中华书局出版,现由新闻出版总署信息中心主办;2005年改半月刊,设有"专家论坛""书业资讯""畅销书策划""新书书目""可供新书"等;现为旬刊。该书目每期大约报道图书信息1 500余条。《全国新书目》和《全国总书目》是相辅相成的,前者的职能在于及时报道,而后者是前者的累积本。

《全国新书目》著录格式与《全国总书目》基本相同。

《全国新书目》所收新书分新版和重版,按类编排,可用分类途径查找。

▶ 3.《中国国家书目》

《中国国家书目》由北京图书馆《中国国家书目》编委会主编,《中国国家书目》编辑组编辑。1985年起,先以手工方式编印年累积本,1987年首次出版。自1990年9月开始以计算机为手段编制每月两期的速报本,可向国内外提供卡片、书本、磁盘、磁带、光盘等多种形式的书目工具。目前有印刷版和光盘版,光盘版的数据半年更新一次,年报道量为3万条,是全面系统揭示、报道中国出版物全貌的权威性书目工具书。

《中国国家书目》收录范围按照"领土—语言"原则,收录普通图书(包括重印古籍)、连续出版物、地图、乐谱、博士论文、技术标准、非书资料、书目索引、少数民族文字图书、盲文读物,以及中国出版的外文文献,年报道量3万多种。

著录项目包括文献题名、著者名称、版本项、发行项、载体形态项、丛书项、附注项、内容提要、国际标准书号、分类号、主题词等全部详细项目。款目按《中国图书馆图书分类法》分类顺序排列。该书目还有题名、著者、主题等三种索引,均依汉语拼音顺序排列。

《中国国家书目》收录较全,著录标准,检索途径完备,是检索我国出版物的重要工具。它可为国内外文献资源共享创造有利条件,对推动中国书目事业的发展起积极作用。

▶ 4.《新华书目报》

《新华书目报》创刊于1964年，是目前全国唯一一份出版行业信息的工具报，具有书目征订的作用。《新华书目报》旗下包括三大子报——《科技新书目》《社科新书目》和《图书馆报》。2000年以来，《新华书目报》在原有工具报的基础上，结合细分市场，逐步衍生出《新华书店协会专刊》《教育与出版专刊》两份特色专版报道。2010年1月1日起改为周报。《新华书目报》以专业视角、深度文字，解读出版发行行业，为业界提供交流平台。

5.3.2 联机公共目录检索系统

联机公共目录检索系统(online public access catalogue，OPAC)，包括单一馆藏目录和联合目录，是基于网络的书目检索系统。在图书馆学上被称作"联机公共目录检索系统"。读者可以利用互联网实现图书的查找和借阅。现在的网上书目多以地区性图书馆的书目加以汇总，能使读者的查询结果覆盖更大范围的图书馆。图书馆自动化管理系统大多提供了OPAC功能，此功能主要包括两个方面：①书刊信息查询，读者可以通过书名、刊名、作者、分类号、主题、ISBN、ISSN、出版社、索书号等多种途径，对馆藏图书、期刊进行检索，可以查询图书的复本数量、馆藏地点、借阅状态等信息；②个人信息查询，包括个人的借阅权限、可借阅册数、现借阅册数、借阅历史、预约信息等。

▶ 1. 单一馆藏目录检索系统

1) 中国国家图书馆联机公共目录检索系统

中国国家图书馆馆藏丰富、品类齐全、古今中外、集精结粹。作为国家藏书机构，中国国家图书馆依法接收中国大陆各出版社送缴收藏的出版样书，此外还收藏中国内地的非正式出版物，例如，各高校的博士学位论文均在中国国家图书馆的收藏之列。它是图书馆学专业资料集中收藏地和全国年鉴资料收藏中心。从藏书量和图书馆员的数量看，中国国家图书馆(原北京图书馆)是亚洲规模最大的图书馆、世界上最大的国家图书馆之一，是世界著名的国家图书馆。中国国家图书馆的藏书可上溯到700多年前的南宋皇家缉熙殿藏书，最早的典藏可以远溯到3 000多年前的殷墟甲骨。文献中珍品特藏包括善本古籍、甲骨金石拓片、中国古旧舆图、敦煌遗书、少数民族图籍、名人手稿、革命历史文献、家谱、地方志和普通古籍等280多万册(件)。截至2018年年底，中国国家图书馆馆藏文献3 768.62万册，著名的古籍善本如《永乐大典》《四库全书》等举不胜举，其中尤以"四大专藏"即《敦煌遗书》《赵城金藏》《永乐大典》和《文津阁四库全书》最受瞩目。中国国家图书馆数字资源总量超过1 000TB，并以每年100TB的速度增长。中国国家图书馆网站上提供了联机公共目录查询系统，界面如图5-2所示。

2) 福州外语外贸学院图书馆的书目检索系统

在福州外语外贸学院的主页(www.fzfu.com)，单击"数字图书馆"，进入福州外语外贸学院图书馆页面(http://temp.fzfu.com/tsg/index.asp)，单击页面上的"网上图书馆"，即可进入福州外语外贸学院图书馆的书目检索系统界面，如图5-3所示。

▶ 2. 联合目录检索系统

1) CALIS联合目录公共检索系统

CALIS是中国高等教育文献保障系统(China Academic Library & Information System)的简称，是经国务院批准的我国高等教育"211工程"总体规划中两个公共服务体系之一。

图 5-2 中国国家图书馆联机公共目录查询系统界面

图 5-3 福州外语外贸学院图书馆的书目检索系统界面

该项目于 1993 年开始提出思路，1999 年年初正式启动。中国教育和科研计算机网（CERNET）建立以来，我国高等教育信息网络的基础设施状况有了较大的改善。但是，我国高校信息资源开发建设的规模和水平却滞后于信息网络的建设速度。为此，原国家发展计划委员会正式批准 CALIS 项目，作为"211 工程"高等教育公共服务体系建设项目，在"九五"期间进行建设。CALIS 的宗旨是，在教育部的领导下，把国家的投资、现代图书馆理念、先进的技术手段、高校丰富的文献资源和人力资源整合起来，建设以中国高等教育数字图书馆为核心的教育文献联合保障体系，实现信息资源共建、共知、共享，以发挥最大的社会效益和经济效益，为中国的高等教育服务。

CALIS联合书目数据库提供简单检索和高级检索两种方式，如图5-4和图5-5所示。

图5-4　CALIS联合书目公共检索系统界面(简单检索)

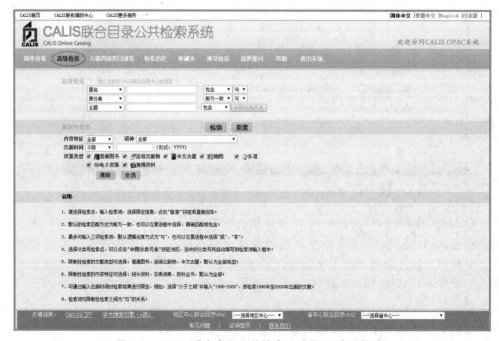

图5-5　CALIS联合书目公共检索系统界面(高级检索)

2) 福建省高校数字图书馆

2016 年 3 月,福建省教育厅同意"福州地区大学新校区文献信息资源共建共享平台"升级为"福建省高校数字图书馆(FULink)",覆盖全省本专科高校,这样可以提供文献提供、文献传递、联合借阅、移动图书馆、教学参考信息服务、高校学位论文摘要数据库等个性化信息资源"一站式"服务。若想访问福建省高校数字图书馆,可在各搜索引擎直接输入"福建省高校数字图书馆"或在地址栏中直接输入"http://bl.fulink.edu.cn/",即可进行简单检索或高级检索,如图 5-6 和图 5-7 所示。

图 5-6　福建省高校数字图书馆检索界面(简单检索)

5.3.3　网上书店

随着网络的发展,图书发行渠道增多,网上书店也是获得图书的一个重要来源。许多出版社为了适应信息社会的需要,也开设了自己的网站,在网站上可以检索到本社出版的书目。

▶ 1. 当当图书

当当图书(http://book.dangdang.com/)是当当网旗下与当当服装、当当孕婴童、当当百货并称的四大战略品类之一,是全球最大的中文网上书店,包含小说、童书、教辅、教材、考试、外语等多个图书种类,拥有众多 OEM 图书及数百家战略伙伴。

▶ 2. 京东图书

京东是中国最大的自营式电商企业,目前,京东图书(https://book.jd.com/)是京东集团旗下京东商城重要的战略品类之一。

图5-7 福建省高校数字图书馆检索界面(高级检索)

▶ 3. 亚马逊图书

亚马逊网站(https：//www.amazon.com/)于1995年7月16日在西雅图开始运作，它以30万美元创业，开创了一种全新的销售方式——网上销售。亚马逊是美国最大的一家网络电子商务公司，也是全球最大的互联网线上零售商之一。2022年3月，亚马逊市值达到约1.67万亿美元。亚马逊书店是世界上销售量最大的书店。

▶ 4. 天猫书城

天猫书城(https：//book.tmall.com/)隶属于B2C购物平台天猫旗下，是国内书籍品种最齐全、入驻书商最多的在线购书平台之一。

▶ 5. 文轩网

文轩网(http：//www.winxuan.com/)是国内最早从事电子商务及国内首批获得网络出版许可证的专业网络企业之一，是四川省三大电子商务标杆企业之一。

▶ 6. 中国图书网

中国图书网(http：//www.bookschina.com/)创建于1998年，是国内最早的网上图书销售平台之一，也是国内图书品种最全的网上书店之一。

5.3.4 网上免费电子图书

▶ 1. E书联盟

E书联盟网站(http：//www.book118.com)提供各类电子书免费下载，部分电子书提供免费在线阅读。为了适应社会发展的需要(特别是手机用户)，E书联盟网站除了推出传统的EXE、PDF、CHM、DJVU、DOC等格式的电子书下载外，还特别推出TXT频道，供网友下载 TXT 小说到手机上观看。

▶ 2. 起点中文网

起点中文网(http://www.qidian.com/)创建于 2002 年 5 月,是国内最大的文学阅读与写作平台之一,也是目前国内领先的原创文学门户网站,隶属于国内最大的数字内容综合平台之一——阅文集团。它提供玄幻小说、魔幻小说、都市言情小说、历史军事小说等类型小说的在线阅读及首发最新章节。

▶ 3. 白鹿书院

白鹿书院(http://www.oklink.net/)是一个大型文学站点、小说园地,提供各类电子图书并有高性能的站内搜索和图书访问排行榜(含分类)、网络文学投稿、新闻、书讯、作品欣赏、作家介绍等。

▶ 4. 豆瓣读书

豆瓣读书(https://book.douban.com/)为豆瓣网的一个子栏目。豆瓣读书自 2005 年上线,已成为国内信息最全、用户数量最大且最为活跃的读书网站之一。

5.3.5 主要电子图书系统

▶ 1. 超星数字图书馆

超星数字图书馆成立于 1993 年,是目前世界最大的中文在线数字图书馆之一,提供大量的电子图书资源,包括文学、经济、计算机等 50 余大类,数百万册电子图书,500 万篇论文,全文总量 13 亿余页,数据总量 1 000 000GB,大量免费电子图书,超 16 万集的学术视频,拥有超过 35 万授权作者,5 300 位名师,1 000 万注册用户并且每天仍在不断地增加与更新。其是国内专业的数字图书馆解决方案提供商和数字图书资源供应商。超星数字图书馆是国家"863 计划"中国数字图书馆示范工程项目,2000 年 1 月,在互联网上正式开通。

▶ 2. 方正阿帕比(Apabi)电子图书

方正阿帕比于 2000 年就开始了电子书的开发应用,自主研发的 DRM 数字版权保护技术有效地维护了电子书发展的产业利益,也使得用户不再需要担心版权纠纷的困扰。截至目前,方正阿帕比已与超过 500 家的出版社建立全面合作关系,每年新出版电子书超过 12 万种,有 250 万册可供全文阅读的电子图书,在销电子图书达 70 万余种,其中,2007 年后出版的新书占到了 70%,覆盖了社科、人文、经管、文学、科技等领域。

方正阿帕比数字资源平台界面如图 5-8 所示。

▶ 3. 读秀学术搜索

读秀学术搜索(http://www.duxiu.com)是由海量全文数据及资料基本信息组成的超大型数据库,其以 430 多万种中文图书、10 亿页全文资料为基础,为用户提供深入内容的章节和全文检索,部分文献的原文试读,以及高效查找、获取各种类型学术文献资料的"一站式"检索,周到的参考咨询服务,是一个真正意义上的学术搜索引擎及文献资料服务平台。读秀学术搜索网站界面如图 5-9 所示。

读秀学术搜索的独特之处在于它的深度索引,可以深入图书的章节内容进行索引,图书信息丰富,包括作者、内容简介等,可以准确地判断图书内容是否为自己所需。

图 5-8 方正阿帕比数字资源平台界面

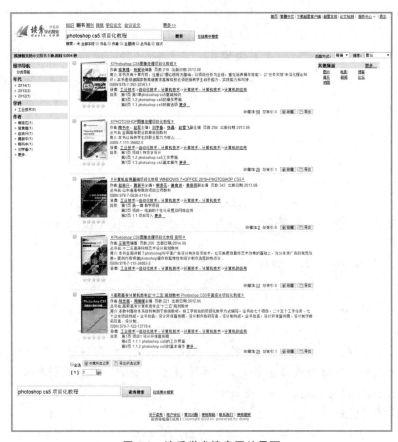

图 5-9 读秀学术搜索网站界面

> **思考与习题**

1. 图书的检索途径有哪几种?
2. 某文章列有参考文献:

蔡敏. 青年恋爱心理学[M]. 北京大学出版社,2013.

检索图书馆是否有该文献,如果有,根据收藏信息去借阅,并通过超星电子图书馆检索有无其电子版全文。

3. 检索图书馆是否收藏清华大学出版社出版的《Flash CS6 动画设计与特效制作 220 例》一书。如果有,根据收藏信息去借阅。若没有,通过 FLink 查看福建省哪所高校有收藏并借阅。

4. 结合自己的阅读经验,谈谈纸质图书阅读、电子书阅读和在线读书的体会。

第 6 章 期刊文献检索

> **学习目标**
> 1. 了解期刊的基础知识;
> 2. 掌握中外文期刊的检索途径及全文资料的利用。

内容框架

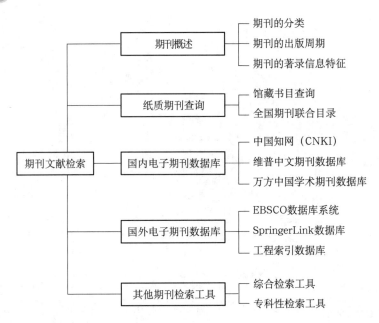

6.1 期刊概述

期刊又称杂志,是一种以印刷形式或其他形式逐次刊行的,通常有数字或年月顺序编号,并打算无限期地连续出版的出版物。期刊由依法设立的期刊出版单位出版。期刊出版单位出版期刊必须经新闻出版总署批准,持有国内统一连续出版物号,领取《期刊出版许可证》。

6.1.1 期刊的分类

▶ 1. 广义上分类

从广义上来讲,期刊可以分为非正式期刊和正式期刊两种。非正式期刊是指通过行政部门审核领取"内部报刊准印证"作为行业内部交流的期刊(一般只限行业内交流不公开发行),但也是合法期刊的一种,一般正式期刊都经历过非正式期刊过程。正式期刊是由国家新闻出版总署与国家科技部在商定的数额内审批,并编入"国内统一刊号",办刊申请比较严格,要有一定的办刊实力,正式期刊有独立的办刊方针。

▶ 2. 按学科分类

以《中国图书馆图书分类法·期刊分类表》为代表,期刊可分为五个基本部类:马列主义、毛泽东思想,哲学,社会科学,自然科学,综合性刊物。在基本部类中,又分为若干大类,如社会科学分为社会科学总论、政治、军事、经济、文化、科学、教育、体育、语言、文字、文学、艺术、历史、地理。

▶ 3. 按内容分类

以《中国大百科全书》新闻出版卷为代表,将期刊分为四大类。

(1) 一般期刊,强调知识性与趣味性,读者面广,如我国的《人民画报》《大众电影》,美国的《时代》《读者文摘》等。

(2) 学术期刊,主要刊载学术论文、研究报告、评论等文章,以专业工作者为主要对象。

(3) 行业期刊,主要报道各行各业的产品、市场行情、经营管理进展与动态,如中国的《摩托车信息》《家具》,日本的《办公室设备与产品》等。

(4) 检索期刊,如我国的《全国报刊索引》《全国新书目》,美国的《化学文摘》等。

▶ 4. 按主管部门划分

按主管部门可分为"国家级"期刊和"省级"期刊。一般说来,"国家级"期刊,即由党中央、国务院及所属各部门,或中国科学院、中国社会科学院、各民主党派和全国性人民团体主办的期刊及国家一级专业学会主办的会刊。另外,刊物上明确标有"全国性期刊""核心期刊"字样的刊物也可视为"国家级"刊物。"省级"期刊,即由各省、自治区、直辖市及其所属部、委办、厅、局主办的期刊以及由各本、专科院校主办的学报(刊)。

▶ 5. 按学术地位分类

学术期刊(Academic Journal)是一种经过同行评审的期刊,发表在学术期刊上的文章通常涉及特定的学科。学术期刊展示了研究领域的成果,并起到了公示的作用,其内容主要以原创研究、综述文章、书评等形式的文章为主。

学术期刊可分为核心期刊和非核心期刊两大类。核心期刊,是指在某一学科领域(或若干领域)中最能反映该学科的学术水平,信息量大,利用率高,受到普遍重视的权威性期刊。目前,国内有七大核心期刊(或来源期刊)遴选体系:

(1) 北京大学图书馆"中文核心期刊"(又称北大核心)。是根据期刊影响因子等诸多因素所划分的期刊,是北京大学图书馆联合众多学术界权威专家鉴定,目前受到了学术界的广泛认同。从影响力来讲,其等级属同类划分中较权威的一种。按照一般惯例,北大核心期刊每四年由北大图书馆评定一次,并出版《北大核心期刊目录要览》一书。

(2) 南京大学"中文社会科学引文索引(CSSCI)来源期刊"(又称南大核心)。由南京大学中国社会科学研究评价中心组织评定,两年一评。CSSCI遵循文献计量学规律,采取定量与定性评价相结合的方法,从全国2700余种中文人文社会科学学术性期刊中精选出学术性强、编辑规范的期刊作为来源期刊,收录包括法学、管理学、经济学、历史学、政治学等在内的25大类500多种学术期刊。

(3) 中国科学技术信息研究所"中国科技论文统计源期刊"(又称中国科技核心期刊)。由中国科学技术信息研究所经过严格的定量和定性分析选取的各个学科的重要科技期刊,学科范畴主要为自然科学领域,是目前国内比较公认的科技统计源期刊目录。受科技部委托,每年进行遴选和调整,权威性名列前茅。

(4) 中国科学院文献情报中心"中国科学引文数据库(CSCD)来源期刊"。中国科学引文数据库来源期刊每两年遴选一次。每次遴选均采用定量与定性相结合的方法,定量数据来自于中国科学引文数据库,定性评价则通过聘请国内专家定性评估对期刊进行评审。

(5) 中国社会科学院文献信息中心"中国人文社会科学核心期刊"(社科院核心)。中国社会科学评价研究院于2018年11月16日在"第五届全国人文社科高峰论坛暨期刊评价会"上发布《中国人文社科学期刊AMI综合评价报告(2018年)》(简称《报告》)。《报告》基于学科与期刊特点构建了不同的期刊评价指标体系,对我国1 291种人文社会科学期刊(2012年及以前创刊)、164种新刊(2013—2017年创刊或更名)及68种英文期刊进行了评价。

(6) 中国人文社会科学学报学会"中国人文社科学报核心期刊"。这种"核心期刊"说法目前缺乏公认性,国内运用较少,评选周期和有效期不详,也难见其出核心期刊的目录。

(7) 万方数据股份有限公司的"中国核心期刊遴选数据库"。"中国核心期刊(遴选)数据库"由万方数据公司于2003年建成,万方数据以中国数字化期刊为基础,集合多年建设的中国科技文献数据库、中国科技论文与引文数据库以及其他相关数据库中的期刊条目部分内容,形成了"中国核心期刊遴选数据库"。

国际上被国内普遍认可的核心期刊(或来源期刊)遴选体系主要由四个。

(1) 美国"科学引文索引"(Science Citation Index,SCI)。由美国科学信息研究所(Institute for Scientific Information,ISI)1957年在美国费城创办的引文数据库。

(2) 美国"社会科学引文索引"(Social Sciences Citation Index,SSCI)。为SCI的"姊妹篇",亦由美国科学信息研究所创建,是目前世界上可以用来对不同国家和地区的社会科学论文的数量进行统计分析的大型检索工具。

(3) 美国"工程索引"(The Engineering Index,EI)。它是由美国工程师学会联合会于1884年创办的历史上最悠久的一部大型综合性检索工具。EI在全球的学术界、工程界、信息界中享有盛誉,是科技界共同认可的重要检索工具。

(4) 美国"科技会议录索引"(Conference Proceedings Citation Index,CPCI)。创刊于1978年,由美国科学情报研究所编辑出版。该索引收录生命科学、物理与化学科学、农业、生物和环境科学、工程技术和应用科学等学科的会议文献,包括一般性会议、座谈会、研究会、讨论会、发表会等。其中工程技术与应用科学类文献约占35%,其他涉及学科基本与SCI相同。它分为两个版本——科学与技术(Science & Technology),即CPCI-S(原ISTP)和社会科学与人文(Social Sciences & Humanities),即CPCI-SSH(原ISSHP)。

6.1.2 期刊的出版周期

根据期刊的出版周期可将期刊分为以下几类。

(1) 周刊,出版周期为每周一期的周末。
(2) 旬刊,出版周期为 10 天。
(3) 半月刊,出版周期为 15 天。
(4) 月刊,出版周期为 1 个月。
(5) 双月刊,出版周期为 2 个月。
(6) 季刊,出版周期为一个季度,即 3 个月。
(7) 半年刊,出版周期为 6 个月。
(8) 年刊,出版周期为 1 年。

6.1.3 期刊的著录信息特征

国内的期刊大多采用《中图法》分类号归类。在国际公开发行的期刊具有 ISSN 号码(如 ISSN1000-2871),在中国发行的期刊有中国统一刊号(如 CN31-1296/TQ)和邮发代号。期刊投稿格式所包含的标题、关键词等成为数据库的各检索项,主要包括以下几项。

(1) 篇名:中文篇名、英文篇名。
(2) 关键词:中文关键词、英文关键词。
(3) 摘要:中文摘要、英文摘要。
(4) 第一责任人:文章发表时,多个作者中排列于首位的作者。
(5) 单位或机构:文章发表时,作者所在任职的单位或机构。
(6) 刊名:中文刊名和英文刊名。
(7) 参考文献:在文章后所列"参考文献"。
(8) 全文:文章的正文。

6.2 纸质期刊查询

6.2.1 馆藏书目查询

在网络环境下,每一个图书馆都有自己的馆藏目录检索系统(OPAC)。例如,进入清华大学图书馆联机书目系统(http://lib.tsinghua.edu.cn/dra)可以查到 1966 年之后的中文、西文期刊,以及 1955 年之后的大部分媒体资源和部分电子期刊。

6.2.2 全国期刊联合目录

▶ 1. 全国期刊联合目录数据库概述

全国期刊联合目录数据库(http://union.csdl.ac.cn)创建于 1983 年,由中国科学院文献情报中心牵头研建,现已经发展成一个多学科的大型数据库。其包含西文、日文、俄文和中文 4 个字库,学科范围覆盖理、工、农、林、医、军事和社会科学等。成员馆遍布全国 400 余家主要的大型公共图书馆、各大部委情报所、科研系统图书馆、重点高校图书馆和军队卫生系统图书馆等。

▶ 2. 检索方式

可以从期刊的题名、ISSN号、出版年、出版者、分类号、主题词、著者等途径进行检索,还可以选择中文期刊、西文期刊、俄文期刊等不同类型的期刊来缩小检索范围,检索界面如图6-1所示。

图6-1　全国期刊联合目录检索界面

▶ 3. 检索结果处理

输入相应的检索条件后,单击"检索"按钮,可查看文献的馆藏信息,明确收藏单位后可通过文献传递的形式进行借阅。

6.3　国内电子期刊数据库

6.3.1　中国知网(CNKI)

▶ 1. 中国知网(CNKI)概述

中国知网(CNKI,http://www.cnki.net)是目前世界上最大的连续动态更新的中国期刊全文数据库之一,以学术、技术、政策指导、高等科普及教育类为主,同时收录部分基础教育、大众科普、大众文化和文艺作品类刊物,内容覆盖自然科学、工程技术、农业、哲学、医学、人文社会科学等各个领域,包含了1989年至今的12 000多种中文期刊刊载的2 300万余篇全文,引文3 000万余篇。

▶ 2. 检索方式

1) 基本检索

中国知网基本检索界面如图6-2所示。

(1) 检索内容。可实现对主题、篇名、关键词、作者、单位、刊名、ISSN、CN、期、

图 6-2 中文期刊全文数据库基本检索界面

基金、摘要、全文、参考文献、中文分类号、DOI、栏目信息 16 个字段进行检索,并可实现各个字段之间的组配检索。

数字对象唯一标识符(digital object unique identifier,DOI)是一套识别数字资源的机制,包含的对象有视频、报告或书籍等。它既有一套为资源命名的机制,也有一套将识别号解析为具体地址的协议。DOI 是从统一资源定位符(uniform resource locator,URL)发展而来,被称为"下一代 URL",它与 URL 的最大区别就是实现了对资源实体的永久性标识。DOI 码由前缀和后缀两部分组成,之间用"/"分开,并且前缀以"."再分为两部分。前缀由国际数字对象识别号基金会(International DOI Foundation,IDF)确定,由两部分组成:一个是目录代码,所有 DOI 的目录都是"10.";另一个是登记机构代码。任何等级 DOI 的组织或单位都可以向 IDF 申请登记机构代码。后缀部分由资源发布者自行指定,可以是一个机器码或者一个已有的规范码(ISBN、ISSN 等),如"10.1000/ISBN1-900512-44-0。"

(2)检索控制条件。可限制时间、来源类别(全部期刊、SCI 来源期刊、EI 来源期刊、核心期刊、CSSCI)等。

(3)文献分类目录。读者在查询时还可结合学科领域缩小检索范围。

2)高级检索

中文期刊全文数据库高级检索界面如图 6-3 所示。

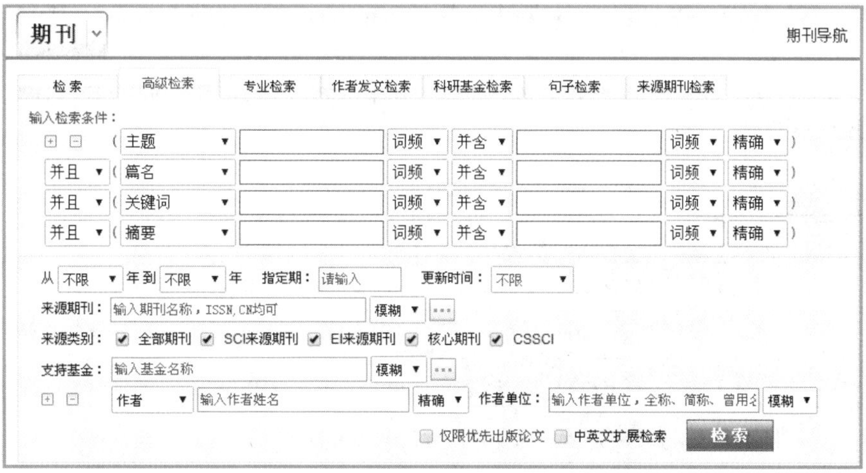

图 6-3 中文期刊全文数据库高级检索界面

（1）向导式检索。向导式检索为读者提供分栏式检索词输入方式，可选择逻辑运算、检索项、词频、匹配度等条件提高查准率。

（2）检索控制条件。可提供时间、来源期刊、来源类别、支持基金、作者、作者单位等限制条件，最大限度地提高了查准率。

3）专业检索

中文期刊全文数据库专业检索界面如图6-4所示。

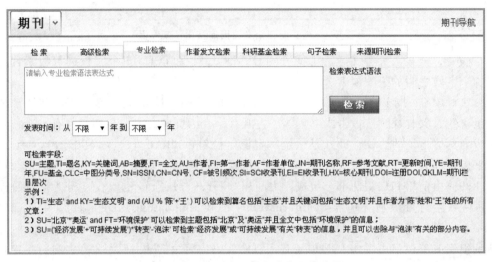

图6-4 中文期刊全文数据库专业检索界面

（1）直接输入检索式检索。读者可在检索框中直接输入逻辑运算符、字段表示等进行检索，还可对发表时间进行限制以提高查准率。

（2）检索表达式语法。

（3）专业检索用于图书情报专业人员查新、信息分析等工作，使用逻辑运算符和关键词构造检索式进行检索。可选的检索项有 SU='主题'、TI='题名'、KY='关键词'、AB='摘要'、FT='全文'、AU='作者'、FI='第一责任人'、AF='机构'、JN='中文刊名'&'英文刊名'、RF='引文'、YE='年'、FU='基金'、CLC='中图分类号'、SN='ISSN'、CN='统一刊号'、IB='ISBN'、CF='被引频次'。每个检索项可使用如表6-1所示的运算符构造，还可以使用"AND""OR""NOT"等逻辑运算符，符号"（）"将各检索项表达式按照检索目标组合起来，提高查准率。

表6-1 逻辑运算符构造表达式

运算符	检索功能	检索含义	举例	适用检索项
='str1'*'str2'	并且包含	包含str1和str2	TI='转基因'*'水稻'	所有检索项
='str1'+'str2'	或者包含	包含str1或者str2	TI='转基因'+'水稻'	
='str1'-'str2'	不包含	包含str1不包含str2	TI='转基因'-'水稻'	
='str'	精确	精确匹配词串str	AU='袁隆平'	作者、第一责任人、机构、中文刊名&英文刊名
='str/SUB N'	序位包含	第n位包含检索词str	AU='刘强/SUB 1'	

续表

运 算 符	检索功能	检 索 含 义	举　　例	适用检索项
=％'str'	包含	包含词 str 或 str 切分的词	TI％'转基因水稻'	全文、主题、题名、关键词、摘要、中图分类号
='str'	包含	包含检索词 str	TI='转基因水稻'	
='str1/SEN N str2'	同段，按次序出现，间隔小于 N 句		FT='转基因/SEN 0 水稻'	
='str1/NEAR N str2'	同句，间隔小于 N 个词		AB='转基因/NEAR 5 水稻'	主题、题名、关键词、摘要、中图分类号
='str1/PREV N str2'	同句，按词序同现，间隔小于 N 个词		AB='转基因/PREV 5 水稻'	
='str1/AFT N str2'	同句，按词序同现，间隔大于 N 个词		AB='转基因/AFT 5 水稻'	
='str1/PRG N str2'	全文，词间隔小于 N 段		AB='转基因/PRG 5 水稻'	
='str $ N'	检索词出现 N 次		TI='转基因 $ 2'	
BETWEEN	年度阶段查询		YE BETWEEN ('2000', '2013')	年、发表时间、学位年度、更新日期

例如，检索姓"钱"的作者在清华大学或上海大学时发表的文章，其检索表达式为"AU％'钱'AND'(AF='清华大学'OR AF='上海大学')。在构造检索表达式时可以使用"Space 键"来显示帮助信息。

(4) 作者发文检索。作者发文检索以作者为出发点，查找相关文献。可按照作者的姓名、第一作者的姓名、作者单位进行查找。在查看检索结果时，可以根据学科、发表年度、基金、研究层次、作者、机构等信息进行分组统计和浏览。

(5) 分类导航

通过学科分类体系查看各类目下的文献。与其他检索方式结合把检索词限定在某一个学科类别，提高检索的专指度。

(6) 句子检索

句子检索是 CNKI 所独有的检索方式。通过输入的两个关键词，查找同时包含这两个词的句子。这种方式常用来查找有关事实问题的答案。

(7) 其他检索方式

在期刊检索模块中还有科研基金检索、来源期刊检索等检索方式，检索方法基本相同，不再赘述。

▶ 3. 检索结果

中国知网可采用自带的 CAJ 格式和 PDF 格式两种方式打开。建议使用 CAJ 阅读器，以达到更好的兼容性。

6.3.2 维普中文期刊数据库

▶ 1. 维普中文科技期刊数据库概述

维普中文科技期刊数据库（全文版）（http://www.cqvip.com/）是维普信息资源系统中的一个重要的数据库，是由重庆维普资讯有限公司研制开发的网络信息资源。维普资讯有限公司是科学技术部西南信息中心下属的一家大型的专业化数据公司，自 1989 年以来，一直致力于期刊信息资源的深层次开发和推广应用，集数据采集、数据加工、光盘制作发行和网上信息服务于一体。维普中文科技期刊数据库是国内目前收录期刊最多的数据库，涵盖自然科学、工程技术、农业、医药卫生、经济、教育和图书情报等学科。

▶ 2. 检索方式

1）一框式检索

中文科技期刊数据库一框式检索界面如图 6-5 所示。

图 6-5　维普中文期刊数据库一框式检索界面

（1）检索内容。可实现对任意字段、题名、关键词、文摘、作者、第一作者、机构、刊名、分类号、参考文献、作者简介、基金资助、栏目信息等 14 个字段进行检索，还可以实现各个字段之间的组配检索以缩小检索范围，提高查准率。

（2）检索控制条件。可实现二次检索、逻辑组配检索，可限制检索年限、期刊范围、学科等。

2）检索式检索

中文科技期刊数据库检索式检索界面如图 6-6 所示。

图 6-6　中文科技期刊数据库检索式检索界面

可直接输入检索式检索。可在检索框中直接输入逻辑运算符、字段标识等,单击"查看更多规则"可了解检索式构造要求,再结合"时间限定""期刊范围"和"学科限定"的限制,提高检索效率。

3)高级检索

中文科技期刊数据库高级检索界面如图 6-7 所示。

图 6-7 中文科技期刊数据库高级检索界面

(1)检索内容

可实现任意字段、题名、关键词、文摘、作者、第一作者、机构、分类号、参考文献、作者简介、基金资助、栏目信息 13 种字段的检索,其中作者简介是其独有的检索字段。

注意:任意字段是在题名、关键词与文摘三个字段进行检索。维普中文期刊数据库也是一个基于关键词的检索系统。

(2)向导式检索。

向导式检索为读者提供分栏式检索词输入方法。可选择逻辑运算、检索项、匹配度外,还可以进行相应字段扩展信息的限定,最大程度地提高了查准率。同时各个字段之间的组配检索可以缩小检索范围,提高查准率。

(3)同义词检索。

输入检索词后,单击右边的"同义词扩展+",可查看到该检索词的同义词。检索中使用同义词功能可扩大查询范围,增加查全率。注意事项:同义词功能只适用于三个检索字段:关键词、题目或关键词、题名。

(4)检索控制条件。

可实现二次检索、逻辑组配检索,可限制检索年限、期刊范围、学科等。

(5)同名作者筛选。

4)期刊导航

期刊导航,如图 6-8 所示。可按期刊名的第一个字段的首字母顺序进行查询;可按学科分类进行查找,单击学科分类名称即可查看该学科涵盖的所有期刊;可输入刊名直接检索。

图 6-8　中文科技期刊数据库期刊导航检索界面

▶3. 检索结果处理

中文科技期刊数据库全部采用国际通用的 PDF 标准格式;需要 PDF 阅读器才能打开 PDF 全文数据,建议使用 Adobe Reader 5.0 以上版本的阅读器,以支持更多的功能。在 PDF 阅读器中,可以对一篇或多篇同路径下的全文文本进行"全文搜索",可对文章内容进行注释,或在某处插入书签等。

▶4. 特色功能——智立方

智立方知识资源服务平台是一个架构于云端,集大数据管理、大数据挖掘、大数据分析、数据对象化建模于一体的知识资源服务平台。它整合了期刊、学位论文、会议论文、专利、专著、标准、科技成果、产品样本、科技报告、政策法规等中外文文献元数据 3 亿余条。可提供高效检索、分面聚类、引文追踪、知识关联图谱、对象构建、对象对比、研究趋势分析、多途径全文保障等服务。其主要有如下三种功能:

(1) 资源发现功能:整合中外文期刊、学位论文、会议论文、专利、专著、标准、科技成果、产品样本、科技报告、政策法规等多种文献类型,并且提供一站式检索和全文保障服务,提供分面聚类、相关排序等多种检索结果寻优途径。

(2) 知识管理功能:对文献知识对象做标识和粒度分析,支持本地特色资源、文献之外的科学数据等相关资源的整合扩展,构建适合本单位的知识体系,从而实现真正意义上的知识管理,以达到知识产出不断创新的目的。

(3) 情报服务功能:通过对文献中涉及的各类知识对象(领域、主题、学者、机构、传媒、资助等)做唯一标识、粒度分析、关联呈现,得以实现从情报分析视角对隐含知识关联做深入挖掘,同时支撑针对电力行业的行业评估、人才评估、研究方向分析、竞争情报动态连续追踪等服务。

智立方知识资源服务平台能为科研工作、研究方向、学科发展、课题申报、项目资助等方面提供可靠的数据信息和分析统计功能,为广大学者和科研管理者省去了大量时间,直接可以方便、快捷地得到相关数据。

6.3.3 万方中国学术期刊数据库

▶ 1. 中国学术期刊数据库概述

中国学术期刊数据库(原数字化期刊群,http://www.wanfangdata.com.cn/),英文名称 China science periodical database,CSPD。中国学术期刊数据库是万方数据知识服务平台的重要组成部分,收录了多种科技、人文和社会科学期刊的全文内容。收录自 1998 年以来国内出版的各类期刊近 7 600 余种,其中核心期刊 3 000 余种论文,每年增加约 300 万篇,每周两次更新,覆盖理、工、农、医、经济、教育、文艺、社科、哲学政法等学科。

注意,该数据库采用 IP 地址控制访问权限,无须账号和密码,单击"ip 登录"即可进入数据库或查看付费信息。

▶ 2. 检索方式

1) 简单检索

中国学术期刊数据库简单检索界面如图 6-9 所示。

图 6-9 中国学术期刊数据库简单检索界面

简单检索提供了题名、作者、作者单位、关键词、摘要、刊名、基金、中图分类号 8 种检索字段。在检索词输入框中,输入所需的检索词,并确定检索字段,单击"检索"按钮,可完成对期刊论文的检索。

2) 分类检索

中国学术期刊数据库分类检索界面如图 6-10 所示。

中国学术期刊数据库将所有期刊分为哲学政法、社会科学、经济财政、教科文艺、基础科学、医药卫生、农业科学、工业技术 8 个大类,每个大类又细分若干个小类。检索时,可选择检索界面下方的学科分类,再在相关小类目录下找到所需刊物名称,进行精确查找。

3) 高级检索

中国学术期刊数据库高级检索界面如图 6-11 所示。

检索字段有主题、题名或关键词、题名、创作者、作者单位、关键词、摘要、日期、DOI、期刊刊名、期等,支持模糊和精确匹配。数据库默认多字段间为逻辑"与"的组配方式,可通过发表日期对检索结果进行控制。

4) 专业检索

中国学术期刊数据库专业检索界面如图 6-12 所示。

在检索文本框中直接输入检索式,并限制年限进行检索。单击"可检索字段"可在帮助提示下构造检索式。

图 6-10 中国学术期刊数据库分类检索界面

图 6-11 中国学术期刊数据库高级检索界面

▶ 3. 检索结果处理

中国学术期刊数据库采用国际通用的 PDF 标准格式，可通过查看全文、下载全文、导出的方式对检索结果做相应处理。

▶ 4. 其他功能

万方知识服务平台除了文献检索功能外，还具备专题服务、知识脉络分析、中国学术统计分析报告等功能。

图 6-12 中国学术期刊数据库专业检索界面

6.4 国外电子期刊数据库

6.4.1 EBSCO 数据库系统

▶ 1. EBSCO 数据库概述

EBSCO 数据库(http://search.ebscohost.com)是美国 EBSCO 公司出版发行的一系列大型数据库系统,该系统提供多个数据库资源的检索服务,索引、文摘覆盖欧美等国的 3 700 余家出版社。EBSCO 公司从 1986 年开始出版电子出版物。EBSCO 系列数据库包括 ASP(academic search premire,学术期刊数据库)、ASE(academic search elite,学术期刊全文数据库)、BSP(business source premire,商业资源数据库)、BSE(business source elite,商业资源全文数据库)等多个数据库。EBSCO 各数据库的资料来源以期刊为主,其中很多都是被 SCI 或 SSCI 收录的核心期刊。

1) ASP

ASP 总收录期刊 7 699 种,其中提供全文的期刊有 3 971 种,总收录的期刊中经过同行鉴定的期刊有 6 553 种,同行鉴定的期刊中提供全文的有 3 123 种,被 ISCI 和 SSCI 收录的核心期刊为 993 种(全文有 350 种)。主要涉及工商、经济、信息技术、人文科学、社会科学、通信传播、教育、艺术、文学、医药、通用科学等多个领域。

2) BSP

BSP 总收录期刊 4 432 种,其中提供全文的期刊有 3 606 种,总收录的期刊中经过同行鉴定的期刊有 1 678 种,同行鉴定的期刊中提供全文的有 1 067 种,被 ISCI 和 SSCI 收录的核心期刊为 398 种(全文有 145 种)。涉及的主题范围有国际商务、经济学、经济管理、金融、会计、劳动人事、银行等。

▶ 2. 检索方式

1）基本检索

EBSCO 数据库基本检索界面如图 6-13 所示。

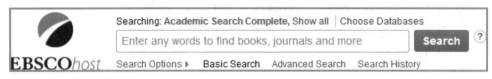

图 6-13　EBSCO 数据库基本检索界面

在主页面中选择数据库，进入基本检索界面。在检索栏中直接输入检索词即可，可在检索选项中设定检索条件。

2）高级检索

EBSCO 数据库高级检索界面如图 6-14 所示。

图 6-14　EBSCO 数据库高级检索界面

可在检索栏文本框中输入检索词，并在下拉式菜单中选择检索字段和逻辑组配符进行复杂检索，还可在检索选项中设定检索条件。

▶ 3. 检索结果处理

在检索结果中，如果出现"HTML Full Text"（文本型全文）或"PDF Full Text"（PDF 格式全文）标示，则系统可提供这篇文献的全文，可根据需要对检索结果进行浏览、选择（添加到收藏夹）、E-mail 发送、下载复制、存盘、打印等。

6.4.2　SpringerLink 数据库

▶ 1. SpringLink 数据库概述

德国斯普林格(Springer-Verlag)出版社，简称 Springer，是世界上最大的科技出版社之一，1842 年创建于柏林，以出版学术性出版物而闻名于世，是最早将纸本期刊做成电子版发行的出版商。其网上出版系统 SpringerLink(http：//link.springer.com/)收录 1997 年以来的 1 900 多种学术期刊(包括原 Kluwer 出版社的全部期刊)，其中许多为核心期刊，还收录了丛书、电子图书和 100 多种参考工具书，以及"中国在线科学图书馆"和"俄罗斯在线科学图书馆"两个特色图书馆。学科涉及化学与材料科学、工程学、数学与统计学、资源环境与地球科学、计算机科学、物理学与天文学、专业电脑和计算机应用、行为科学、商业与经济管理、人文社科、法律、哲学、生命科学、医学等，其中包括了 2005—

2011 年出版的 Lecture Notes in Computer Science(计算机科学讲义)、Lecture Notes in Mathematics(数学讲义)、Lecture Notes in Physics(物理学讲义)和 Lecture Notes in Earth Science(地球科学讲义)、Studies in Computational Intelligence、Topics in Current Chemistry 等著名丛书。

▶ 2. 检索方式

1)浏览检索

(1)按学科类型浏览。SpringerLink 数据库学科分类检索界面如图 6-15 所示。可单击相关学科,进入该学科的界面。

(2)按内容类型浏览。SpringerLink 数据库内容类型检索界面如图 6-16 所示。SpringerLink 数据库提供了 4 种内容类型:(期刊)文章、(图书)章节、参考文献和实验室指南。

2)简单检索

在 SpringerLink 数据库首页上方有一个简单检索框,可直接输入关键词进行全文检索,如图 6-17 所示。

图 6-15　SpringerLink 数据库学科分类检索界面

图 6-16　SpringerLink 数据库内容类型检索界面

(1)布尔逻辑检索。多个检索词之间可以使用逻辑算符 AND、OR 和 NOT。

图 6-17 SpringerLink 数据库简单检索界面

（2）截词检索。检索词尾添加"＊"表示检索出所有相同词根的词；检索词尾添加"＊＊"，表示检索出一个词的所有形式。

（3）位置检索。用位置算符 NEAR 连接检索词，表示两个检索词相互邻近，返回的检索结果按邻近的次序排序。

3）高级检索

在 Springer 主页上还提供"高级检索"（advanced search）和"检索帮助"（search help）。可以通过使用高级检索选项进一步缩小检索范围，也可以限定在本馆的访问权限内搜索（勾选 Include Preview-Only content）。SpringerLink 数据库高级检索界面如图 6-18 所示。

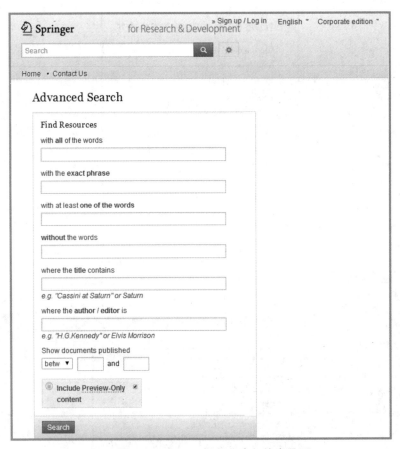

图 6-18 SpringerLink 数据库高级检索界面

4）期刊检索

期刊检索和文章检索类似，不再重复介绍。

3. 检索结果

执行检索后,首先显示的是检索结果的数量和篇名目录项。搜索结果的类型有丛书(图书)、期刊、图书(章节或指南)、期刊(文章)等。在默认情况下,将显示所有的搜索结果,可以取消勾选 Include Preview-Only content,将显示本馆能查看的权限范围。在页面左方有聚类选项(Refine Your Search)可以帮助优化搜索结果。聚类选项包括文献内容类型、学科、子学科、语种等。在检索结果界面中还可以将检索结果按相关性排序,其选项有:按时间顺序由新到旧排序、按时间顺序由旧到新排序。

6.4.3 工程索引数据库

1. 工程索引数据库概述

《工程索引》(*The Engineering Index*,EI)是供查阅工程技术领域文献的综合性情报检索刊物。于1884年创刊,年刊,1962年增出月刊本,由美国工程信息公司编辑出版。每年摘录世界工程技术期刊约3 000种,还有会议文献、图书、技术报告和学位论文等,报道文摘约15万条,内容包括全部工程学科和工程活动领域的研究成果。工程索引数据库目前主要有三个版本:EI Compendex 光盘数据库、EI Compendex Web 数据库和 Engineering Village2。

EI Compendex Web 是 Engineering Village 2 的核心数据库(Engineering Village 2 提供多种工程数据库),是目前全球最全面的工程领域的二次文献数据库,可以检索到1969年至今的所有的工程领域。学科范围包括核技术、生物工程、交通运输、化学和工艺工程、照明和光学技术、农业工程和食品技术、计算机和数据处理、应用物理、电子和通信、控制工程、土木工程、机械工程、材料、石油、宇航、汽车工程等。每周更新一次,内容选自5 000多种工程类期刊、技术报告、会议论文集等,检索结果为文献的题录、文摘信息等,拥有700万篇参考文献和摘要,约22%为会议文献,90%的文献语种是英文,每年增加175个专业的25万条记录。

1998年,EI 在清华大学图书馆建立了EI 中国镜像站,2003年建立了EI 中国站,在这些网站上可以查找EI 收录的中国期刊等信息。

2. 检索方式

Engineering Village 2 数据库的检索方式如下。

1) 简单检索

在右上角的标签栏中单击"Easy Search",即可进入简单检索界面。使用简单检索不需要选择设定任何检索条件,直接输入检索词,单击"Search"即可进行检索。Engineering Village 2 数据库简单检索界面如图6-19所示。

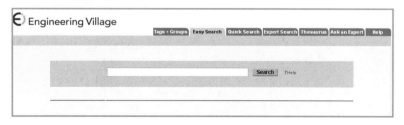

图6-19 Engineering Village 2 数据库简单检索界面

2) 快速检索(Quick Search)

进入 Engineering Village 2 数据库后，系统会自动进入快速检索界面，如图 6-20 所示。使用快速检索的步骤如下。

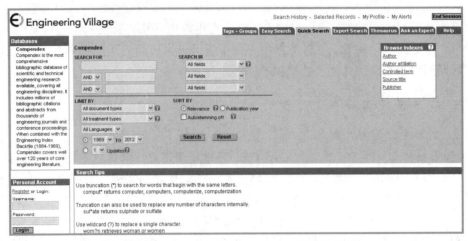

图 6-20　Engineering Village 2 数据库快速检索界面

（1）选择检索字段。从"SEARCH IN"下拉菜单中选择欲检索的字段，字段名及其说明如表 6-2 所示。可以使用布尔逻辑运算符 AND、OR、NOT 进行组配。

（2）插入检索式。用户可以在检索栏中输入检索式，检索式可以用布尔逻辑、通配符、邻近运算符等。

（3）限制条件(Search Limits)。Engineering Village 2 数据库提供了文献类型限定(Document Type)、处理类型限定(Treatment Type)、语言限定(Language)、时间限定(Year & Updates)4 种限制条件。

常用检索字段如表 6-2 所示。

表 6-2　检索字段及其说明

检索字段	说明
All fields	EI 数据库全部著录项目
Subject/Title/Abstract	检索将在文摘、标题、标题译文、主题词表、标引词、关键词等字段进行
Abstract	只在文摘字段检索
Authors	作者指论文作者，输入时姓在前名在后，中间加空格
Author Affiliations	机构名称有用全称表示，有用缩写加全称，有用缩写表示
Publisher	可以直接浏览出版者索引
Source title	包括期刊、专著、会议录、会议文集的名称
ISSN	国际标准刊号
Title	文章的标题
Ei Main Heading	用来表示文献的主题思想，其余的主题词用来描述文献所涉及的其他概念
CODEN	连续出版物的代码，6 位字符表示
Ei controlled term	受控词

续表

检索字段	说　　明
Ei Classification Code	Ei 分类码，说明术语在某一行业的特定含义或用法
Conference Information	会议信息，包括会议的名称、日期、地点、主办者
Conference Code	会议代码
Country of origin	原产国

（4）检索结果排序（SORT BY）。在快速检索方式下，用户可以选择 Relevance（相关性）和 Publication year（出版年）两种方式对检索结果进行排序。

（5）索引浏览（Browse Index）。选择不同字段浏览，系统将自动将被选中的检索词加入检索式中。

3）专家检索（Expert Search）

进入 Engineering Village 2 数据库后，在右上角的标签栏中单击"Expert Search"，即可进入专家检索界面。专家检索与快速检索的检索方式和检索策略基本相同，但在使用专家检索时，必须使用"wn"，"wn"后面的词表示检索字段的代码，如"international space station and French wn LA and Apr 13 1992 wn CF"。

注意：在专家检索中，系统可以选择 autostemming off 进行词干检索，也可以在检索词前加上"＄"符号进行词干检索控制，如"＄management"可检索到 managed、manage、manager、managers、managing、management 等词。

4）主题词表（Thesaurus）

主题词表是控制词汇的指南，索引人员从控制词汇表中选择词汇来描述其索引的文章。主题词表一般采用层级结构，词汇由广义词、狭义词或相关词组成。索引的文章使用特别指定的控制词汇。

单击 Thesaurus 标签即可进入主题词表检索功能页面，在检索栏中输入想要查询的词，然后单击"Search"（查询）、"Exact Term"（精确词汇）或"Browse"（浏览），之后单击"Submit"即可。

▶ 3. 检索结果

在简单检索、快速检索、专家检索和主题词检索方式下，用户输入检索式后单击"Search"后，便进入了检索结果页，可以选择进一步精简检索结果（Refining Search）。在检索结果页的左上角有一个"Refining Search"按钮，单击此按钮可定位到检索结果页面底部的一个"Refining Search"框，当前的检索式将出现在"精简检索"框中，根据用户检索的需要对其做进一步的改动，再单击"Search"按钮即可。

6.5　其他期刊检索工具

6.5.1　综合检索工具

▶ 1. 中国国家科技图书文献中心数据库

中国国家科技图书文献中心（National Science and Technology Library）数据库 NSTL (www.nstl.gov.cn)是一个虚拟的科技文献信息服务机构,成员单位包括中国科学院文献情报中心、工程技术图书馆(中国科学技术信息研究所、机械工业信息研究院、冶金工业信息标准研究院、中国化工信息中心)、中国农业科学院图书馆、中国医学科学院图书馆。该系统收录了大量的中外文期刊,并为国内用户提供远程检索和原文传递服务。

▶ 2. 中国科学引文数据库

中国科学引文数据库(Chinese science citation database,CSCD)创建于1989年,收录我国数学、物理、化学、天文学、地球科学、生物学、农林科学、医药卫生、工程技术和环境科学等领域出版的中英文科技核心期刊和优秀期刊千余种。从1989年到现在的已积累论文记录370多万条,引文记录3 800多万条。

▶ 3. Elsevier SDOL 电子期刊数据库

Elsevier SDOL 电子期刊数据库(www.sciencedirect.com)由 Elsevier Science 公司出版,是国际公认的高水平的学术期刊数据库,收录2 500多种高品质全文学术期刊,其中的大部分期刊都是SCI、EI等国际公认的权威大型检索数据库收录的各个学科的核心学术期刊。Elsevier数据库覆盖24个学科领域,涉及数学、物理、化学、天文学、医学、生命科学、商业及经济管理、计算机科学、工程技术、能源科学、环境科学、材料科学等。

▶ 4. 美国科学引文索引

科学引文索引(Science Citation Index,SCI)于1957年由美国科学信息研究所(Institute for Scientific Information,ISI)在美国费城创办。SCI(科学引文索引)、EI(工程索引)、ISTP(科技会议录索引)是世界著名的三大科技文献检索系统,是国际公认的进行科学统计与科学评价的主要检索工具。SCI所收录期刊的内容主要涉及数、理、化、农、林、医、生物等基础科学研究领域,选用刊物来源于40多个国家50多种文字,其中主要的国家有美国、英国、荷兰、德国、俄罗斯、法国、日本、加拿大等,也收录部分中国(包括港澳台地区)刊物。

6.5.2 专科性检索工具

▶ 1. 中国人民大学复印报刊资料数据库

中国人民大学复印报刊资料数据库(http://ipub.zlzx.org)由中国人民大学书报资料中心编选,其涵盖面广、信息量大、分类科学、筛选严谨、结构合理完备,称为国内最权威的社会科学、人文科学专题文献资料宝库之一。

▶ 2. 美国《化学文摘》

《化学文摘》(Chemical Abstracts,CA)是世界最大的化学文摘库之一,也是目前世界上应用最广泛,最为重要的化学、化工及相关学科的检索工具之一。创刊于1907年,由美国化学协会化学文摘社(Chemical Abstracts Service of American Chemical Society)编辑出版,CA报道的内容几乎涉及了化学家感兴趣的所有领域,不仅包括无机化学、有机化学、分析化学、物理化学、高分子化学,还包括冶金学、地球化学、药物学、毒物学、环境化学、生物学,以及物理学等诸多学科领域。

▶ 3. 英国《科学文摘》数据库

《科学文摘》(Science Abstracts,SA)是英国电气工程师学会(IEE)出版的检索性情报期刊，于 1898 年创刊。《科学文摘》的电子版称为 INSPEC，覆盖了全球发表在相关学科领域的 4 200 种期刊（其中 1/5 为全摘），2 000 种以上会议录、报告、图书等，文献来自 80 多个国家和地区，涉及 29 种语言，收录年代自 1969 年开始，目前数据量已达 660 万条记录，内容包括物理、电气工程、电子、通信、控制工程、计算机和计算科学，以及信息技术等科技文献。

▶ **4. 美国《土木工程师学会出版物情报》**

美国《土木工程师学会出版物情报》创刊于 1966 年，由美国土木工程师学会（ASCE）编辑出版，双月刊，每年一卷，主要以文摘形式报道该学会出版的期刊及会刊、图书、手册、技术报告、会议录等各种类型的文献，具体内容包括建筑工程及管理、工程力学、环境工程、地质、水利工程、结构工程、运输工程、城市规划与发展、水运、港口、海岸及海岸工程等。年报道量 1 000 余条。

思考与习题

1. 中外文期刊检索工具各有何特点？
2. 中文综合期刊检索工具有哪几个？分别掌握其用法。
3. 列举与自己所学专业有关的中外文期刊数据库，分别掌握其用法。
4. CNKI、维普、万方数据库均提供多种文献的跨库检索，尝试使用其跨库检索方式检索某一主题的文献，并分析其来源文献的数量和种类。

第 7 章 特种文献检索

> **学习目标**
> 1. 了解特种文献的定义和类型;
> 2. 掌握常见的特种文献的基本知识;
> 3. 掌握各种特种文献常用的检索工具。

内容框架

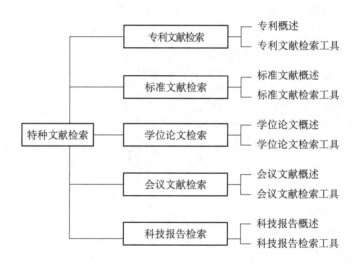

特种文献是指出版形式比较特殊的科技文献资料,其出版发行无统一规律,但具有重要的科技价值。通常,特种文献主要包括科技报告、专利文献、标准文献、会议文献、学位论文、政府出版物、产品资料、其他资料(如档案资料、地图、乐谱等零散文献)等几种类型。本章重点讨论专利文献、标准文献、学位论文、会议文献和科技报告的检索方法。

7.1 专利文献检索

"专利"一词来源于拉丁语 litterae patentes,意为公开的信件或公共文献。在现代,专利文献作为技术信息最有效的载体,囊括了全球 90%以上的最新技术情报。可见,专利是世界上最大的技术信息源,专利信息作为集技术信息、法律信息、经济信息为一体的重要信息源,越来越被人们所重视。通过对专利信息的分析,可以跟踪最新技术动态,考察行业的技术走向和竞争对手的重点技术等。

从广义上讲，专利文献是各国专利局及国际专利组织在审批专利的过程中产生的官方文件及其出版物的总称，主要包括专利申请说明书、专利说明书等各类有关文件，以及专利公报、专利检索工具等出版物。狭义的专利文献仅指专利说明书。

通常，专利文献具有数量巨大、内容广博，反映最新的科技信息，以及格式统一、形式规范的特点。

7.1.1 专利概述

▶ 1. 专利的类型

专利的种类在不同的国家有不同规定，例如，《中华人民共和国专利法》(以下简称《专利法》)中规定有发明专利、实用新型专利和外观设计专利，美国专利包括发明专利、外观设计专利和植物专利。

1) 发明专利

我国《专利法》规定："发明，是指对产品、方法或者其改进所提出的新的技术方案。"发明专利主要体现新颖性、创造性和实用性，可分为产品发明和方法发明两类。

2) 实用新型专利

我国《专利法》规定："实用新型，是指对产品的整体或者局部的形状、构造或者其结合所提出的适于实用的新的技术方案。"授予实用新型专利不需经过实质审查，手续比较简便、费用较低，关于日用品、机械、电器等方面的有形产品的小发明，比较适用于申请实用新型专利。

3) 外观设计专利

我国《专利法》规定："外观设计，是指对产品的整体或者局部的形状、图案或者其结合以及色彩与形状、图案的结合所做出的富有美感并适于工业应用的新设计。"外观设计专利的保护对象是产品的装饰性或艺术性外表设计，这种设计可以是平面图案，也可以是立体造型，更常见的是这两者的结合，授予外观设计专利的主要条件是新颖性。

▶ 2. 专利的特性

专利属于知识产权的一部分，是一种无形的财产，具有与其他财产不同的特点。

1) 独占性

独占性亦称垄断性或专有性。专利权是由政府主管部门根据发明人或申请人的申请，认为其发明成果符合专利法规定的条件，而授予申请人或其合法受让人的一种专有权。在一定时间(专利权有效期内)和区域(法律管辖区)内，专属权利人所有，专利权人对其权利的客体(即发明创造)享有占有、使用、收益和处分的权利。

2) 时间性

专利权的时间性，即指专利权具有一定的时间限制，也就是法律规定的保护期限。各国的专利法对于专利权的有效保护期均有各自的规定，而且计算保护期限的起始时间也各不相同。我国《专利法》第四十二条规定："发明专利权的期限为二十年，实用新型专利权的期限为十年，外观设计专利权的期限为十五年，均自申请日起计算。"

3) 地域性

地域性就是对专利权的空间限制，是指一个国家或一个地区所授予和保护的专利权仅在该国或地区的范围内有效,对其他国家和地区不发生法律效力,其专利权是不被确认与保护的。如果专利权人希望在其他国家享有专利权,那么,必须依照其他国家的法律另行提出专利申请。除非加入国际条约及双边协定另有规定之外,任何国家都不承认其他国家或者国际性知识产权机构所授予的专利权。

▶ 3. 专利术语

1) 与人相关的专利术语

申请人:对专利权提出申请的单位或个人。

发明人(设计人):实际开展工作的人。

专利权人:对专利具有独占、使用、处置权的人。

《专利法》第六条规定:执行本单位的任务或者主要是利用本单位的物质技术条件所完成的发明创造为职务发明创造。职务发明创造申请专利的权利属于该单位,申请被批准后,该单位为专利权人。该单位可以依法处置其职务发明创造申请专利的权利和专利权,促进相关发明创造的实施和运用。非职务发明创造,申请专利的权利属于发明人或者设计人,申请被批准后,该发明人或者设计人为专利权人。利用本单位的物质技术条件所完成的发明创造,单位与发明人或者设计人订有合同,对申请专利的权利和专利权的归属做出约定的,从其约定。

代理人:代为办理专利权申请的人。

2) 中国专利文献编号系统

(1) 申请号。中国专利说明书的编号体系经历了以下三个阶段。

第一阶段为1985—1988年,专利申请号由8位数字构成,如CN86102838:前2位表示申请年份;第3位数字表示申请的专利类型,其中"1"表示发明专利,"2"表示实用新型专利,"3"表示外观设计专利;后5位表示当年该类专利申请的顺序号。

第二阶段为1989—2003年,专利申请号由8位数字构成,并增加了计算机校验码(1位数字或英文字母X表示),如"CN02111380.7"。

第三阶段为2004年7月1日之后,专利申请号增加为12位(不包括计算机校验码),如"CN200610038113.6"(年份用4位数字表示)。

(2) 公开/公告号。公开号和公告号均采用7位编号,并在编号前加国际通用国别代码,第1位数字用来区分3种不同的专利,末位字母用来区分公开或公告类型。其中,公开是仅对发明专利申请的,表示未审查授权,授权后才有公告号。

① 发明专利申请公开号,如"CN1015003A"。

② 发明专利授权公告号,如"CN1015003B"。

③ 实用新型专利授权公告号,如"CN2069429U"。

④ 外观设计专利授权公告号,如"CN3003022S"。

(3) 专利号。专利申请正式获得授权的专利编号,国家知识产权局颁发的专利证书上的专利号为:ZL(专利的首字母)+申请号。

3) 国际专利分类号

专利分类是按专利文献的技术内容或主题进行分类,以便于查找。目前,大多数国家采用《国际专利分类法》(*International Patent Classification*,IPC)。国际专利分类系统按照技术主题设立类目,把整个技术领域分为5个不同等级:部、大类、小类、大组和小组。

IPC 分为 8 个部，即 A——人类生活需要（农、轻、医）；B——作业、运输；C——化学、冶金；D——纺织、造纸；E——固定建筑物；F——机械工程、照明、加热、武器、爆破；G——物理；H——电学。

IPC 的每个分类号都包含了部、大类、小类、大组和小组。以分类号"A45B19/08"为例：A——部；A45——大类；A45B——小类；A45B19/00——大组；A45B19/08——小组。

例如，利用万方数据在线的专利数据库检索到的专利文献样例中显示了各种专利编号，如图 7-1 所示。

图 7-1　万方数据库的专利文献样例

7.1.2　专利文献检索工具

常见的国内外专利文献检索工具如下。

▶ 1. 中华人民共和国国家知识产权局网站专利检索系统

中华人民共和国国家知识产权局网站专利检索系统（http：//www.pss-system.cnipa.gov.cn）网站首页界面如图 7-2 所示。

图 7-2　国家知识产权局网站首页界面

国家知识产权局网站专利检索系统共提供 4 种检索方式：常规检索、高级检索、导航检索和命令行检索。高级检索界面如图 7-3 所示。

IPC 分类检索的左侧列出国际分类号从 A～H 共 8 个大部，每个部里分层列出该部的下一级所包含的类目。检索者可直接查询已知的 IPC 分类号，也可以从分类号中层层单击打开进行浏览，直至查询到所需类目。例如，查询分类号"A45B19/08"所对应的专利含义，如图 7-4 所示。

图 7-3　国家知识产权局网站专利检索系统高级检索界面

图 7-4　IPC 分类号查询

如要检索福州外语外贸学院教师所申请的"厨房水槽"专利，则在高级检索界面输入相应检索词，如图 7-5 所示。单击"检索"按钮，页面显示匹配检索项的所有专利条目，如图 7-6 所示。单击"详览"按钮，获取专利著录信息，如图 7-7 所示。

图 7-5　高级检索示例

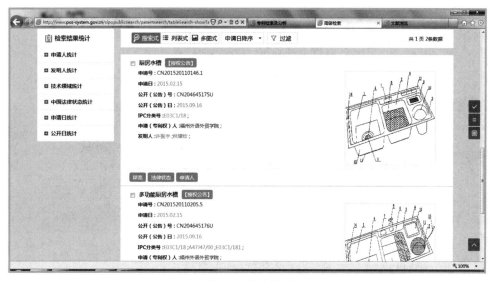

图 7-6　检索结果

▶2．中国专利信息网

中国专利信息网(http://www.patent.com.cn)具有中国专利文摘检索、中国专利英文文摘检索和中文专利全文下载功能，并采用会员制管理方式为社会公众提供网上检索、网上咨询、检索技术、邮件管理等服务。用户须先注册，注册后凭用户名、密码进行登录，才能进行专利检索等操作。

中国专利信息网首页界面如图 7-8 所示。

▶3．中国专利网

中国专利网(http://www.cnpatent.com)首页界面如图 7-9 所示，单击"中国专利检索数据库"按钮，进入专利检索界面。

图7-7 专利著录信息

图7-8 专利信息网首页界面

▶4. 中国知网和万方数据知识平台专利数据库

中国知网(http://www.cnki.net)和万方数据知识平台(http://www.wanfangdata.com.cn)也提供了专利检索功能。

中国知网专利检索界面如图7-10所示,万方数据知识平台专利检索界面如图7-11所示。

▶5. 欧洲专利局专利信息网

欧洲专利局专利信息网(http://ep.espacenet.com)主界面如图7-12所示。欧洲专利局专利信息网提供了三种检索方式:智能检索(smart search)、高级检索(advanced search)和专利分类号检索(classification search)。

第7章 特种文献检索

图 7-9 中国专利网首页界面

图 7-10 中国知网专利检索界面

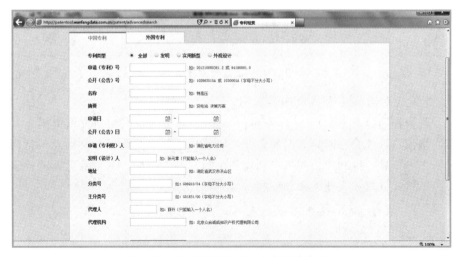

图 7-11 万方数据知识平台专利检索界面

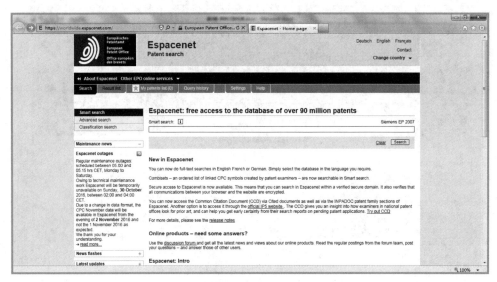

图 7-12　欧洲专利局专利信息网主界面

高级检索界面如图 7-13 所示。专利分类号检索界面如图 7-14 所示。

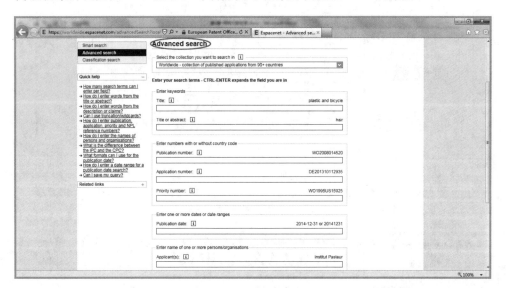

图 7-13　高级检索界面

▶6. 美国专利商标局专利数据库

美国专利商标局(USPTO)(http：//uspto.gov/)通过因特网免费提供美国专利检索服务。所有网络用户可免费检索该数据库，并可浏览检索到专利题目、文摘及包括附图在内的专利说明书等信息。专利库由授权专利库和申请专利库组成，两个数据库的检索方法基本相同，包括快速检索、高速检索和专利号检索三种方法。

第7章 特种文献检索

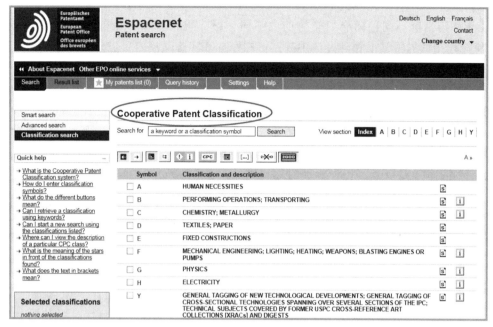

图 7-14 专利分类号检索界面

7.2 标准文献检索

标准文献是按照规定程序编制并经过一个公认的权威机构批准的,供在一定范围内广泛而多次使用,包括一整套在特定活动领域必须执行的规格、定额、规划、要求的技术文件。标准涉及工农业、工程建设、交通运输、对外贸易和文化教育等领域,包括质量、安全、卫生、环境保护、包装储运等多种类型。

标准文献是一种重要的科技出版物。一个国家的标准文献反映着该国的经济政策、技术政策、生产水平、加工工艺水平、标准化水平、自然条件、资源情况等内容,对于全面了解该国的工业发展情况是一种重要的参考资料。

7.2.1 标准文献概述

▶ 1. 标准的分级和种类

(1) 根据《中华人民共和国标准化法》的规定,我国的标准分为国家标准、行业标准、地方标准和企业标准四级。各级标准的对象、适用范围、内容特性要求和审批权限,由有关法律、法规和规章做出规定。

(2) 按约束力分,国家标准、行业标准可分为强制性标准、推荐性标准(/T)和指导性技术文件(/Z)三种。

(3) 按标准化的对象分,可分为技术标准、管理标准和工作标准三大类。

▶ 2. 标准的有效期

自标准实施之日起,至标准复审重新确认、修订或废止的时间,称为标准的有效期,又称标龄。

由于各国情况不同,标准的有效期也不同。ISO标准每5年复审一次,平均标龄为4.92年。我国的国家标准管理办法中规定,国家标准实施5年内要进行复审,即国家标准有效期一般为5年。需要说明的是,修订的标准号前两项不变,只是颁布年做相应改变。

▶ 3. 标准号

标准号由颁布机构代号(或标准代号)、顺序号和颁布年组成。例如,国家标准:《住宅性能评定技术标准》GB/T50362—2005;行业标准:《民用运输类飞机驾驶员座椅通用要求》HB 7046—2013。代号"GB"或"HB"等为强制性标准,有"T"的为推荐性标准,有"Z"的为指导性技术文件。我国行业标准名称和代号如表7-1所示。

表7-1 中国行业标准名称和代号

序号	行业标准名称和代号	序号	行业标准名称和代号
1	国家标准(GB)[41650]	33	文化行业标准(WH)[28]
2	煤炭行业标准(MT)[1488]	34	物资行业标准(WB)[48]
3	轻工行业标准(QB)[3619]	35	国家计量标准(JJ)[3349]
4	建筑工业行业标准(JG)[1123]	36	邮政行业标准(YZ)[235]
5	核工业行业标准(EJ)[1232]	37	广播电影电视(GY)[313]
6	船舶行业标准(CB)[3134]	38	地质矿产行业标准(DZ)[449]
7	纺织行业标准(FZ)[1375]	39	旅游行业标准(LB)[7]
8	医药行业标准(YY)[1011]	40	民政行业标准(MZ)[12]
9	有色金属行业标准(YS)[1175]	41	测绘行业标准(CH)[81]
10	水产行业标准(SC)[672]	42	交通行业标准(JT)[1876]
11	水利行业标准(SL)[852]	43	化工行业标准(HG)[4229]
12	金融行业标准(JR)[33]	44	石油化工行业标准(SH)[1651]
13	档案行业标准(DA)[47]	45	建筑材料行业标准(JC)[1093]
14	气象行业标准(QX)[102]	46	航天工业行业标准(QJ)[4920]
15	海关行业标准(HS)[24]	47	城镇建设行业标准(CJ)[698]
16	外经贸行业标准(WM)[17]	48	电力行业标准(DL)[1399]
17	电子行业标准(SJ)[7422]	49	汽车行业标准(QC)[936]
18	公共安全行业标准(GA)[1457]	50	有色冶金行业标准(YS)[210]
19	民用航空行业标准(MH)[330]	51	林业行业标准(LY)[966]
20	烟草行业标准(YC)[455]	52	稀土行业标准(XB)[93]
21	铁路运输行业标准(TB)[3405]	53	体育行业标准(TY)[5]
22	机械行业标准(JB)[20634]	54	商检行业标准(SN)[2973]

续表

序　号	行业标准名称和代号	序　号	行业标准名称和代号
23	石油天然气行业标准(SY)[3133]	55	新闻出版行业标准(CY)[65]
24	通信行业标准(YD)[2291]	56	地方标准(DB)[1587]
25	环境保护行业标准(HJ)[470]	57	海军行业标准(HJB)[0]
26	包装行业标准(BB)[53]	58	劳动和劳动安全行业标准(LD)[244]
27	冶金行业标准(YB)[1506]	59	土地管理行业标准(TD)[13]
28	国家军用行业标准(GJB)[10770]	60	航空工业行业标准(HB)[9169]
29	农业行业标准(NY)[2306]	61	教育行业标准(JY)[471]
30	卫生行业标准(WS)[506]	62	兵工民品行业标准(WJ)[272]
31	海洋行业标准(HY)[164]	63	粮食行业标准(LS)[0]
32	商业行业标准(SB)[661]		

▶ **4. 标准文献分类法**

1) 国际标准分类法

《国际标准分类法》(ICS)是国际、区域性和国家标准，以及其他标准文献的目录结构，并作为国际、区域性和国家标准的长期订单系统的基础，也可以用于数据库和图书馆中标准及标准文献的分类。ICS 分类法由三级类构成，共分 97 个大类。ICS 一级分类目录如表 7-2 所示。

表 7-2　ICS 一级分类目录表

序　号	类　　别	序　号	类　　别
01	综合、术语学、标准化、文献	49	航空器和航天器工程
03	社会学、服务、公司(企业)的组织和管理、行政、运输	53	材料储运设备
07	数学、自然科学	55	货物的包装和调运
11	医药卫生技术	59	纺织和皮革技术
13	环境和保健、安全	61	服装工业
17	计量学和测量、物理现象	65	农业
19	试验	67	食品技术
21	机械系统和通用件	71	化工技术
23	流体系统和通用件	73	采矿和矿产品
25	机械制造	75	石油及相关技术
27	能源和热传导工程	77	冶金
29	电气工程	79	木材技术
31	电子学	81	玻璃和陶瓷工业

续表

序号	类别	序号	类别
01	综合、术语学、标准化、文献	49	航空器和航天器工程
33	电信、音频和视频技术	83	橡胶和塑料工业
35	信息技术、办公机械设备	85	造纸技术
37	成像技术	87	涂料和颜料工业
39	精密机械、珠宝	91	建筑材料和建筑物
43	道路车辆工程	93	土木工程
45	铁路工程	95	军事工程
47	造船和海上建筑物	97	家用和商用设备、文娱、体育

2) 中国标准分类法

《中国标准文献分类法》(CCS)采用数字与字母混合,共分24个大类,如表7-3所示。每个一级类下分100个二级类目,二级类目用2位数字表示。于1997年开始标注ICS分类号。几乎各个先进工业国家都有自己的标准分类。

表7-3 CCS一级分类目录

序号	类别	序号	类别
A	综合	N	仪器、仪表
B	农业、林业	P	工程建设
C	医药、卫生、劳动保护	Q	建材
D	矿业	R	公路、水路运输
E	石油	S	铁路
F	能源、核技术	T	车辆
G	化工	U	船舶
H	冶金	V	航空、航天
J	机械	W	纺织
K	电工	X	食品
L	电子元器件和信息技术	Y	轻工、文化与生活用品
M	通信、广播	Z	环境保护

7.2.2 标准文献检索工具

▶ 1. 中国标准文献检索工具

1) NSTL中外标准数据库

NSTL中外标准数据库(http://www.nstl.gov.cn/index.html)来源于中国标准化研究院标准馆,收藏了7个国内外标准库:中国国家标准(GB)、英国国家标准(BS)、德国国家标准(DIN)、法国国家标准(AFNOR)、日本工业标准(JIS)、国际标准化组织(ISO)和国际电工委员会标准(IEC)。

NSTL中外标准数据库提供标准号、标准名称等5个检索项,用户注册后可以通过系统进行原文传递。

2) 中国标准服务网

中国标准服务网(http://www.cssn.net.cn)可免费注册并检索标准目录,但阅读标准全文需要付费,检索界面如图7-15所示。

图7-15 标准文献检索界面

3) 中国标准咨询网

中国标准咨询网(http://www.chinastandard.com.cn)提供了技术监督、法规信息、国内外标准信息、产品抽检信息和质量认证信息等全方位的网上咨询服务,可通过购买阅读卡浏览部分标准全文。

4) 国家标准化管理委员会

国家标准化管理委员会(http://www.sac.gov.cn/)可检索国家标准目录,获得标准的题录信息,并了解标准化动态、国家标准制订计划、国家标准修改通知等信息,可免费下载或浏览中国国家强制性标准的PDF全文,国家标准化管理委员会首页界面如图7-16所示。

▶ 2. 国际标准文献检索工具

1) 国际标准化组织

国际标准化组织(http://www.iso.org)是目前世界上最大的、最有权威的国际标准合约机构。ISO在线具有国际标准数据库的全文检索和标准号检索功能,提供国际标准的分类目录浏览,可以按国际标准分类法、标准名称、关键词、文献号等多种途径进行检索,其检索页面如图7-17所示。

2) IEC标准

IEC标准网站(http://www.iec.ch)提供电工标准出版物的多功能检索界面,包括标准、出版号码、全文等,并提供布尔逻辑检索功能,其检索方式同ISO在线。

图 7-16 国家标准化管理委员会首页界面

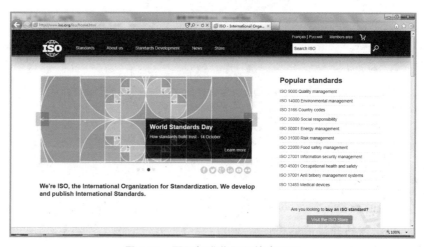

图 7-17 国际标准化组织检索页面

7.3 学位论文检索

学位论文(thesis/dissertation)是作者在从事科学研究取得创造性结果或有了新的见解后以此为内容撰写的,作为申请授予相应的学位时送交评审用学术论文。学位论文主要指学士、硕士和博士学位论文三种,一般都是作者在搜集、阅读了大量资料后,进行科学分析和概括,或者经过调查、实验和研究之后,进一步提出自己独特的新见解和新论点。

7.3.1 学位论文概述

▶ 1. 学位论文的收录形式

中国优秀硕士学位论文全文数据库收录的学位论文著录格式如图 7-18 所示,论文首页如图 7-19 所示。

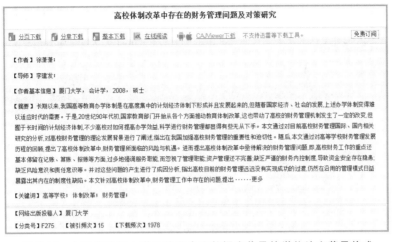

图 7-18 中国优秀硕士学位论文全文数据库收录的学位论文著录格式

图 7-19 论文首页

▶ 2. 学位论文的内容特征

（1）学位论文具有学术性、独创性、新颖性及研究的专深性，其参考文献丰富全面，有助于对相关文献进行追踪检索和研究，具有一定的学术参考价值。

（2）学位论文除少数以摘要或全文发表在期刊或其他出版物上以外，一般不公开发表，具有一定的保密性。

7.3.2 学位论文检索工具

▶ 1. 国内学位论文数据库

1）万方学位论文数据库

万方学位论文数据库（http://www.wanfangdata.com.cn）收录了中国科技信息研究

所提供的自 1980 年以来的国内 900 余所高校、科研院所的硕士研究生、博士生及博士后学位论文。截至 2020 年 4 月，共收录学位论文 636 万多篇。

进入万方数据知识服务平台网站首页并登录，单击"学位论文"进入万方学位论文数据库检索界面，如图 7-20 所示。

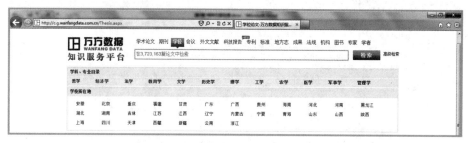

图 7-20　万方学位论文数据库检索界面

万方学位论文数据库提供 4 种检索界面：检索、高级检索和专业检索。高级检索界面和专业检索界面分别如图 7-21 和图 7-22 所示。

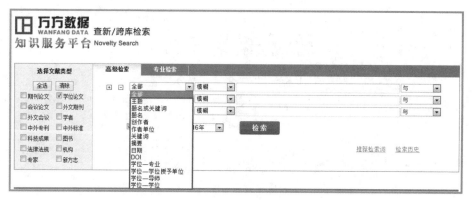

图 7-21　万方学位论文数据库高级检索界面

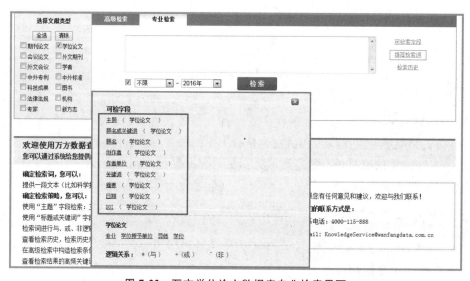

图 7-22　万方学位论文数据库专业检索界面

例如，检索2011—2016年厦门大学国际商务专业的学位论文，可利用高级检索界面设置如图7-23所示的检索条件。

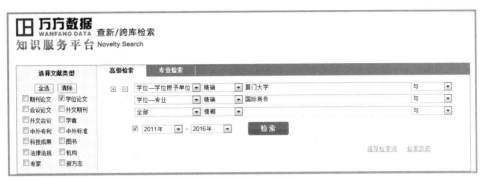

图 7-23　设置高级检索条件

检索结果界面显示符合检索条件的论文篇数，如图 7-24 所示，并显示论文在各个领域和时间段的分布，如"经济(27)""2014(17)"。单击论文标题可查看论文摘要或全文。

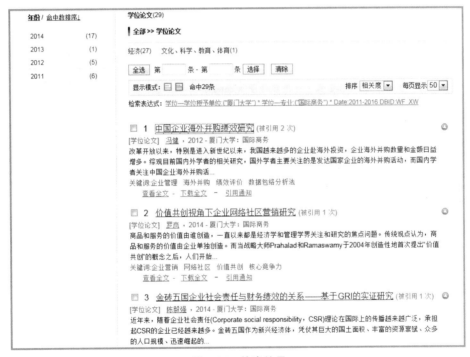

图 7-24　检索结果

2) 中国知网学位论文数据库

中国知网学位论文数据库(http：//www.cnki.net)是目前国内相关资源最完备、高质量、连续动态更新的学位论文全文数据库。目前，累计收录博硕士学位论文全文文献310多万篇，覆盖基础科学、工程技术、农业、医学、哲学、人文、社会科学等各个领域。

中国知网学位论文数据库具体检索方法参见 CNKI 期刊检索。该数据库共有 5 条检索途径：检索、高级检索、专业检索、科研基金检索和句子检索，其高级检索界面如图 7-25 所示。

图 7-25　中国知网学位论文数据库高级检索界面

3）CALIS 学位论文中心服务系统

CALIS 学位论文中心服务系统（http：//etd.calis.edu.cn）是由中国高等教育文献保障系统（CALIS）全国工程文献中心牵头组织，协调全国 80 多所高校合作建设的文摘索引数据库，系统界面如图 7-26 所示。

图 7-26　CALIS 学位论文中心服务系统界面

▶ 2. 国外学位论文数据库

ProQuest 学位论文全文数据库 PQDD（proQuest digital dissertations，http：//proquest.umi.com）是美国 ProQuest 公司的博硕士学位论文数据库，收录美国、加拿大和欧洲等国的 1 000 余所大学的学位论文，是目前世界上最大和最广泛使用的学位论文检索工具之一。数据库提供了基本检索、高级检索和分类浏览三种检索界面。

7.4 会议文献检索

会议文献是指各类科技会议的资料和出版物,包括会议前参加会议者预先提交的论文文摘、在会议上宣读或散发的论文、会上讨论的问题、交流的经验和情况等经整理编辑加工而成的正式出版物(会议录)。

广义的会议文献包括会议论文、会议期间的有关文件、讨论稿、报告、征求意见稿等,而狭义的会议文献仅指会议录上发表的文献。

会议文献具有专业性强、学术水平高、内容新颖、信息量大、可靠性强、出版速度快以及发行方式灵活等特点。

会议文献数据库样例如图 7-27 所示。

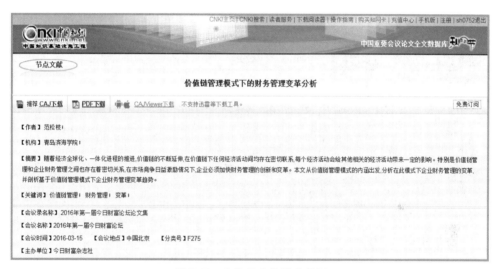

图 7-27　会议论文数据库样例

7.4.1　会议文献概述

▶ 1. 会议文献的分类

1) 会前文献

会前文献包括会议日程、论文目录、摘要和会议论文预印本(由于经费等原因,有的会后就不再出版正式文献)。

2) 会中文献

会中文献包括开幕词、讨论记录和闭幕词等。

3) 会后文献

会后文献包括会议录(proceedings)、会议论文集(symposium)、会议论文汇编(transactions)、期刊特辑、图书,以及有关会议的声像资料等。

▶ 2. 会议文献的出版形式

会议文献的出版形式包括图书、期刊、科技报告和视听资料等。

7.4.2 会议文献检索工具

▶ 1. 国内会议文献数据库

1) 中国知网重要会议论文全文数据库

中国知网重要会议论文全文数据库(http://www.cnki.net)主要收录我国 1999 年以来国家二级以上学会、协会、高等院校、科研院所、学术机构等单位的论文集。该数据库提供了七种检索途径——快速检索、高级检索、专业检索、作者发文检索、科研基金检索、句子检索和来源会议检索,具体检索方法与期刊论文检索方法相似,其检索界面如图 7-28 所示。

2) 万方会议论文数据库

万方会议论文数据库(http://www.wanfangdata.com.cn)主要收录 1998 年以来国家级学会、协会、研究会组织召开的全国性学术会议论文,数据范围覆盖自然科学、工程技术、农林、医学等领域,其检索界面如图 7-29 所示。

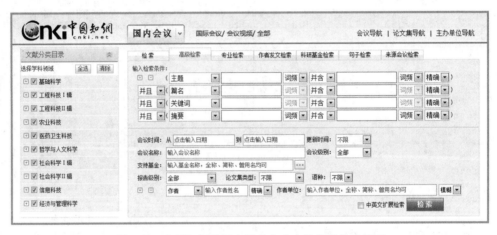

图 7-28 中国知网重要会议论文全文数据库检索界面

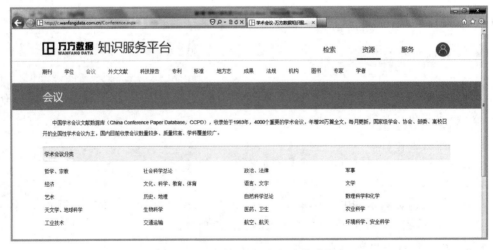

图 7-29 万方会议论文数据库检索界面

第7章 特种文献检索

3) 国家科技图书文献中心中文会议论文数据库

国家科技图书文献中心(NSTL, http://www.nstl.gov.cn)的中文会议论文数据库主要收录了1985年以来我国国家级学会、协会、研究会以及各省、部委等组织召开的全国性学术会议论文。该数据库主要收录自然科学各专业领域的文献。

国家科技图书文献中心会议论文数据库检索界面如图7-30所示。

图7-30 国家科技图书文献中心会议论文数据库检索界面

▶ 2. 国外会议论文文献数据库

ISTP科学技术会议录索引和ISSHP社会科学及人文科学会议录索引(http://isi-knowledge.com/)都是美国ISI编辑出版的查阅各种会议录的网络数据库。汇集了世界上最新出版的会议录资料，包括专著、丛书、预印本以及来源于期刊的会议论文，提供了综合全面、多学科的会议论文资料(包括摘要信息)，是查找国外会议文献的首选数据库之一。

▶ 3. 即将召开的会议信息

查找即将召开的会议，可以进入国内外相关专业协会或学会网站以获得最新会议资料信息，可通过以下站点免费浏览即将召开的各个学科领域国际会议信息。

1) 所有的学术会议

所有的学术会议(http://www.allconferences.com/)收录世界范围各学科的学术会议信息，可按学科、日期、地点等多种方式检索。

2) 中国学术会议在线

中国学术会议在线(http://www.meeting.edu.cn/)是经教育部批准，由教育部科技发展中心主办，面向广大科技人员的科学研究与学术交流信息服务平台。网站提供了三种会议检索方式：按学科检索、按收录论文的核心期刊名称检索和条件检索。

7.5 科技报告检索

科技报告是一种很重要的信息资源，是关于科研项目或科研活动的正式报告或情况记录。科技报告注重详细记录科研进展的全过程，是研究、设计单位或个人以书面形式向提供经费和资助的部门或组织汇报其研究设计或项目进展情况的报告。许多大型综合性检索系统都将科技报告作为重要的文献类型加以收录，如EI、INSPEC等，通过这些数据库都可以检索到部分科技报告。

7.5.1 科技报告概述

▶ 1. 科技报告的特点

（1）反映新的科技成果迅速。
（2）内容新颖、专深具体。
（3）种类多、数量大。
（4）出版形式独特。

▶ 2. 科技报告的种类

（1）按照研究进展划分，可分为初期报告（primary report）、进展报告（process report）、中间报告（interim report）和最终报告（final report）。

（2）按照保密程度划分，可分为保密报告（classifical）、非保密报告（unclassifical）和解密报告（declassfical）。

7.5.2 科技报告检索工具

▶ 1. 中国科技成果数据库

中国科技成果数据库（China scientific & technological achievements database, CSTAD, http://c.wanfangdata.com.cn/cstad.aspx），收录从1978年至今，科技部的科技成果及星火科技成果，涵盖新技术、新产品、新工艺、新材料、新设计等众多学科领域。

中国科技成果数据库检索界面如图7-31所示。

▶ 2. 国务院发展研究中心信息网

国务院发展研究中心信息网（http://www.drcnet.com.cn/）简称"国研网"，是中国著名的大型经济类专业网站，是为用户提供经济决策的权威的信息平台。其主要数据库包括国研报告数据库，国研报告数据库是目前国内唯一的《国务院发展研究中心调查研究报告》全文数据库，该数据库积累了1 600余期研究成果，覆盖15种经济领域。

选择所需检索的数据库，将目录层层打开，单击文章标题，即可浏览全文。也可输入检索词，从文章标题、作者、全文途径进行检索。

国研网检索界面如图7-32所示。

图 7-31　中国科技成果数据库检索界面

图 7-32　国研网检索界面

▶ 3. 美国四大科技报告

1) 军事系统的 AD 报告

军事系统的 AD 报告的常用检索数据库是美国国家技术情报服务处(national technical information service，NTIS)出版的美国政府报告数据库(http：//www.ntis.gov/)，可免费检索美国政府科技报告的文摘题录。

2) 政府系统的 PB 报告

美国国家技术情报服务处 NTIS(http：//www.ntis.gov/)主要收录美国政府立项研究及开发的项目报告，涉及学科有数学、物理、化学、生物、天文、地理、农业、医学、工程、航空航天、军工、能源、交通运输、环境保护及社会科学等许多领域，是一个重要的政府信息资源。

3）能源系统的 DOE 报告

能源系统的 DOE 报告（http://www.osti.gov/）提供能源系统的研究与发展报告全文，内容涉及物理、化学、材料、生物、环境、能源等领域。

4）航空航天系统的 NASA 报告

航空航天系统的 NASA 报告（http://ntrs.nasa.gov/search.jsp）由美国航空咨询委员会（NASA）提供报告检索，全文免费下载，并提供有关航空航天领域的丰富的科技报告全文。

思考与习题

1. 试述《国际专利分类法》的体系结构。
2. 中国专利的主要检索工具和常用字段有哪些？
3. 如何检索我国的学位论文信息？
4. 国内有哪些重要的会议论文数据库？
5. 如何获取即将召开的会议信息？
6. 我国有哪些重要的科技报告数据库？

第 8 章 文献信息的利用

学习目标

1. 了解文献信息利用过程中的版权保护及学术道德；
2. 掌握学术论文、学位论文的写作；
3. 掌握综述报告的撰写。

内容框架

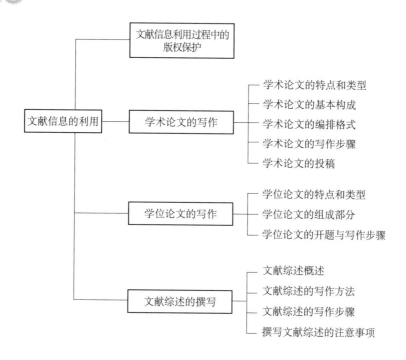

8.1 文献信息利用过程中的版权保护

版权，又称著作权，包含以下人身权和财产权：发表权、署名权、修改权、保护作品完整权、复制权、发行权、出租权、展览权、表演权、放映权、广播权、信息网络传播权、摄制权、改编权、翻译权、汇编权，以及应当由著作权人享有的其他权利。

文献信息工作，包括对文献信息的收集、储存、整序、加工、开发等一系列工作。随着科学技术的飞速发展，文献信息工作的对象呈现出载体多样化的特点，既有书刊文献，也有电子文献；不仅是馆藏文献，还包括网络上的文献。工作和服务的内容、方式也不断扩大和变化，如文献的缩微复制、声像工作、计算机软件开发、数据库建设、网络建设、信息多层次开发、定题服务等。可见，文献信息工作的性质、内容都与版权发生着千丝万缕的联系。文献信息的开发与利用，即人类智力成果的广泛应用，是版权得以实现的重要手段。电子化、网络化的发展为信息与知识的共享提供了可能。对文献信息用户而言，他们既是版权使用者，又是版权创造者。也就是说，用户通过各种方式和手段，达到使用文献信息的目的，满足其需求；同时也是利用已有的科学成果进行新的创作，不断形成新的作品和版权。总之，通过文献信息和知识的传播、利用，促进文化的交流、发展与社会进步。

文献信息工作涉及版权保护的各方面内容，其前提是对版权的尊重和维护，同时依法保护自己作品的版权。例如，对享有版权的作品进行复制、改编、翻译、注释或编辑时，不得侵犯其权利；图书馆通过自己改编、编辑等智力劳动产生与原作不同的新作品，并对此享有版权。从事文献信息工作的单位和个人要在版权许可的"合理使用"的范围内，尽可能地为广大用户提供文献信息服务。在从事科学研究的过程中，应严格遵守中华人民共和国《著作权法》《专利法》和中国科协颁布的《科技工作者科学道德规范（试行）》等国家有关法律、法规、社会公德及学术道德规范，要坚持科学真理、尊重科学规律、崇尚严谨求实的学风，勇于探索创新，恪守职业道德，维护科学诚信。

8.2 学术论文的写作

学术论文也称为科学论文、研究论文，是科学领域内的一种学术文体，是对某学科领域的问题进行创造性实验、分析研究和归纳总结后取得的一种学术成果进行表达的文章。学术论文的写作是本科生应具有的基本能力，是研究生必备的基本素质，体现了一个人的信息能力、科研能力、写作能力以及学识水平等综合素质。因此，学术论文写作是大学生，尤其是研究生完成学业的重要阶段。

8.2.1 学术论文的特点和类型

学术论文是针对某一领域中的问题进行探讨与研究后，将研究成果总结表述而成的文章。它不同于一般的文学作品，必须进行一定的理论与实践应用的探讨或科学总结，其表现形式可以是学术刊物上发表、学术会议交流，或做其他用途（如高校学生的课程论文和一般的研究报考）。

▶ 1. 学术论文的特点

学术论文是用来表述科研成果、阐述学术观点的论说性文章，具有科学性、学术性、理论性和创造性的特点。

1）科学性

学术论文的科学性，要求作者在立论上不得带有个人好恶的偏见，不得主观臆造，必须诚实认真、实事求是，论文内容客观真实，数据准确可靠，方法切实可行，论证严谨缜密，观点前后一致，表述全面清晰，其所反映的研究成果能够经得起实践的反复实验。

2) 学术性

学术是指专门的、有系统的学问。学术性要求，将专门性的知识系统化，然后加以探讨、研究。学术论文就是研究某一学科专业的专门性学术问题，研究事物发展的内在本质和发展变化的文章。

3) 理论性

学术论文在形式上属于议论文，但它与一般议论文不同，它必须有自己的理论系统，不能只是材料的罗列，应对大量的事实、材料进行分析、研究，使感性认识上升到理性认识。一般来说，学术论文具有论证色彩，或具有论辩色彩。论文的内容必须符合历史唯物主义和唯物辩证法，符合"实事求是""有的放矢""既分析又综合"的科学研究方法。

4) 创造性

科学研究是对新知识的探求。创造性是科学研究的生命，学术论文的创造性在于作者要有自己独到的见解，能提出新的观点、新的理论，这是因为科学的本性就是"革命的和非正统的"。斯蒂芬·梅森说："科学方法主要是发现新现象、制定新理论的一种手段，旧的科学理论就必然会不断地为新理论推翻。"因此，没有创造性，学术论文就没有科学价值。

▶ 2. 学术论文的类型

学术论文按其出版形式可分为以下三种。

1) 期刊论文

期刊论文是指在科学期刊上的学术论文。这是常见的学术论文形式，其篇幅不长，一般在 3 000~5 000 字，多者可达 6 000~10 000 字。因此，学术论文的选题不能太大，否则，难以充分论证。

2) 会议论文

会议论文是指为参加国内外的各学科专业的学术会议而撰写的学术论文，以供学术会议上宣读、交流、讨论，其篇幅与要求与期刊论文类似。

会议论文可以会前预印本和会后会议录的形式正式或非正式出版。

3) 学位论文

学位论文是申请授予相应的学位时评审用的学术论文。与申请的学位相对应，学位论文包括学士学位论文、硕士学位论文和博士学位论文。

学士论文应能表明作者确已较好地掌握了本门学科的基础理论、专门知识和基本技能，并具有从事科学研究工作或担负专门技术工作的初步能力。

硕士学位论文应能表明作者确已在本门学科上掌握了坚实的基础理论和系统的专门知识，并对所研究课题有新的见解，有从事科学研究工作或独立担负专门技术工作的能力。

博士学位论文应能表明作者确已在本门学科上掌握了坚实宽广的基础理论和系统深入的专门知识，并具有独立从事科学研究工作的能力，在科学或专门技术上做出了创造性的成果。

8.2.2　学术论文的基本构成

一篇学术论文的基本构成一般包括题名、作者姓名和单位、摘要、关键词、正文和参考文献。

▶ 1. 题名

题名(title、topic)也称为标题或题目。题目是以最恰当、最简明的词语反映论文中最重要的特定内容的逻辑组合。论文题目十分重要，必须用心斟酌选定，有人用"论文题目是文章的一半"描述其重要性。对论文题目的要求是准确得体、简短精练、醒目、外延和内涵恰如其分。

▶ 2. 作者姓名和单位

作者姓名(author)位于题名下一行，位置居中。在另起一行正中的位置标明单位(department)、所在城市及邮政编码，并用括号括起来。例如：

黄建琼
（福州外语外贸学院信息系　福建　350202）

如多个作者，应按其对研究工作与论文撰写贡献大小的降序排列，再在下一行的括号内注明各个作者的单位、城市与邮政编码。例如：

陈章斌[1]　刘杨[2]
（1. 福州外语外贸学院信息系　福建长乐　350202；
2. 福建海康威视数字技术股份有限公司　福建福州　350100）

若多个作者为同一个单位，则不需要分别注明工作单位、所在城市与邮政编码。例如：

黄建琼　陈章斌
（福州外语外贸学院信息系　福建　350202）

▶ 3. 摘要

论文一般应有摘要(abstract)，有些论文为了国际交流还有外文(多用英文)摘要。摘要是论文内容不加注释和评论的简短陈述，其作用是不阅读论文全文即能获得必要的信息。摘要应包含以下内容：

（1）从事这一研究的目的和重要性。
（2）研究的主要内容，指明完成了哪些工作。
（3）获得的基本结论和研究成果，突出论文的新见解。
（4）结论或结果的意义。

▶ 4. 关键词

关键词(key word)是为了文献标引工作从报告、论文中选取出来用以表示全文主题内容信息的单词或术语。每篇报告、论文可选取3～8个词作为关键词，以显著的字符另起一行，排在摘要的左下方。关键词可以从学术论文的题名、摘要和正文中的各级标题与全文中提取，有时还需要综合全文内容提出论文涉及主题的相关概念作关键词。

▶ 5. 正文

正文是学术论文真正的原文，一般由引言、本论、结论三部分组成。引言也称绪论或序论，简要说明为什么要研究这个题目，解释这一论题讨论、研究的意义，应言简意赅。

本论是论文的核心内容，它是论文的主要篇幅，约为全文的 2/3。本论详细阐述所研究的成果，特别是作者自己提出的新的、独创性的意见，包括调查对象、实验和观测方法、仪器设备、材料原料、实验和观测结果、计算方法和编程原理、数据资料、经过加工整理的图表、论证的过程、形成的论点和导出的结论等。

正文中的图应具有"自明性"，即只看图、图题和图例，不阅读正文，就可以理解图意。每个图应有简短确切的题名，连同图号置于图下。必要时，应将图上的符号、标记、代码，以及实验条件等，以最简练的文字横排于图题下方作为图例说明。

正文中的表也应有自明性。每个表应有简短确切的题名，连同表号置于表上。必要时应将表中的符号、标记、代码，以及需要说明事项，以最简练的文字横排于表题下作为表注，也可以附注于表下。

表的编排一般是内容和测试项目由左至右横读，数据依次竖排。如数据已绘成曲线图，可不再列表。

符号和缩略图的使用应遵照有关国家标准和规定。如不得不引用某些不是公知公用的且又不易为同行及读者所理解的，或系作者自定的符号、记号、缩略词、首字母缩写字等时，均应在第一次出现时一一加以说明，给以明确的定义。

结论是学术论文最终的、总体的结论，不是正文中各段小结的简单重复。结论应该准确、完整、确定、精练。

当论文中的字、词或短语，需要进一步加以说明，而又没有具体的文献来源时，可以使用注释。注释的做法在社会科学论著中居多。注释可以集中著录在文后，也可以分散著录在文中。

▶ 6. 参考文献

参考文献即文后参考文献（references），是指为撰写或编辑论文和著作而引用的有关文献信息资源。参考文献的著录方法有顺序编码制和著者出版年制两种，使用前者居多。文后的参考文献表按顺序编码制组织时，各篇文献要按正文部分标注的序号依次列出。在正文中标注引用的文献时，按出现的先后顺序从 1 开始连续编码，并将序号置于方括号中，然后设成上标。

1）专著

著录格式如下：

［序号］主要责任者. 题名：其他题名信息［文献类型标识/文献载体标识］. 其他责任者. 版本地：出版者，出版年：引文页码［引用日期］. 获取和访问路径. 数字对象唯一标识符.

示例：

［1］薛华成. 管理信息系统［M］. 北京：清华大学出版社，1993：130-140.

2）专著中析出的文献

著录格式如下：

［序号］析出文献主要责任者. 析出文献题名［文献类型标识/文献载体标识］. 析出文献其他责任者//专著主要责任者. 专著题名：其他题名信息. 版本项. 出版地：出版者，出版年：析出文献的页码［引用日期］. 获取和访问路径. 数字对象唯一标识符.

示例：

[1] 黄蕴慧. 国际矿物学研究的动向[M]//程裕淇. 世界地质科技发展动向. 北京：地质出版社，1982：38-39.

3) 论文集中析出的文献（包括会议论文集）

著录格式如下：

[序号] 析出文献主要责任者. 析出文献题名[文献类型标识/文献载体标识]//主要责任者. 题名：其他题名信息. 出版地：出版者，出版年. 获取和访问路径. 数字对象唯一标识符.

示例：

[1] 赵秀珍. 关于计算机学科中几个量和单位用法的建议[C]//中国高等学校自然科学学报研究会. 科技编辑学论文集. 北京：北京师范大学出版社，1997.

4) 会议论文

著录格式如下：

[序号] 会议论文主要责任者. 会议论文题名[C/文献载体标识]. 出版地：出版者，出版年.? 获取和访问路径. 数字对象唯一标识符.

示例：

[1] 惠梦君，吴德海，柳葆凯，等. 奥氏体-贝氏体球铁的发展[C]全国铸造学会奥氏体-贝氏体球铁专业学术会议. 武汉：武汉大学出版社，1986.

5) 期刊中析出的文献

著录格式如下：

[序号] 析出文献主要责任者. 析出文献题名[J/文献载体标识]. 期刊名：其他题名信息，年，卷(期)：页码[引用日期]. 获取和访问路径. 数字对象唯一标识符.

示例：

[1] 钱培德，杨季文，吕强，等. 一个校对型汉字录入器的设计和实现[J]. 计算机研究与发展，1996，33(7)：555-557.

6) 报纸中析出的文献

著录格式如下：

[序号] 析出文献主要责任者. 析出文献题名[N/文献载体标识]. 报纸名，年-月-日(版次). 获取和访问路径. 数字对象唯一标识符.

示例：

[1] 丁文详. 数字革命与竞争国际化[N]. 中国青年报，2000-11-20(15).

7) 学位论文

著录格式如下：

[序号] 主要责任者. 题名[D/文献载体标识]. 保存地：保存学校. 年份[引用日期]. 获取和访问路径. 数字对象唯一标识符.

示例：

[1] 朱建立. 面向对象的分布式知识处理系统[D]. 北京：中国科学院计算技术研究所，1987.

8) 科技报告

著录格式如下：

[序号] 主要责任者. 报告题名[R/文献载体标识]. 报告地：报告单位，报告年. 获取和访问路径. 数字对象唯一标识符.

示例：

[1] World Health Organization. Factors Regulation the Immune Response：Report of WHO Scientific Group[R]. Geneva：WHO，1970.

9) 专利文献

著录格式如下：

[序号] 专利申请者或所有者. 专利题名：专利国别，专利号[P/文献载体标识]. 公告日期或公开日期[引用日期]. 获取和访问路径. 数字对象唯一标识符.

示例：

[1] 邓一刚. 全智能节电器：中国，200610171314.3[P]. 2006-12-13.

10) 电子文献

著录格式如下：

[序号] 主要责任者. 题名：其他题名信息[文献类型标识/文献载体标识]. 出版地：出版者，出版年（更新或修改日期）[引用日期]. 获取和访问路径. 数字对象唯一标识符.

示例：

[1] 王明亮. 关于中国学术期刊标准化数据库系统工程进展[EB/OL]. （1998-08-16）[1998-10-04]. http：//www.cajcd.edc.cn/pub/wml.txt/980810-2.html.

8.2.3 学术论文的编排格式

学术论文由前置部分和主体部分组成，主体部分的章、条与正文的图表应采用阿拉伯数字分级编号。

▶ 1. 前置部分

学术论文（学位论文除外）的前置部分一般只包括题名、论文作者、摘要和关键词，如图 8-1 所示。

▶ 2. 主体部分

学术论文（学位论文除外）的主体部分包括引言、正文（本论）、结论和参考文献，如图 8-2 所示。

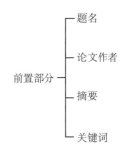

图 8-1 学术论文的前置部分

8.2.4 学术论文的写作步骤

学术论文的写作包括选题、资料的收集与整理、确定主题及初步确定论文题名、拟定写作提纲、撰写初稿、修改定稿等步骤。

▶ 1. 选题

选题是撰写学术论文的第一步。选题是指选定学术论文所要研究的主要问题或方向、范围与对象，即研究课题。选题并不是确定论文的题目，选题的外延要比论文的题目大得多，因为此时还无法确定论文题目。

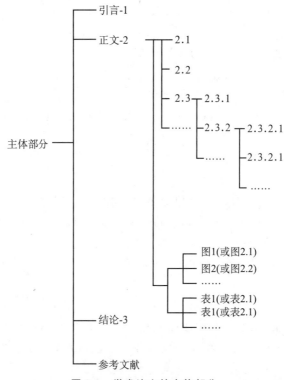

图 8-2　学术论文的主体部分

选题至关重要，"好的选题意味着成功的一半"。可选某学科领域的前沿问题，热点问题，亟待解决的课题，开创性的课题，填补空白的课题，争鸣性的课题，总结实践的课题，补充前说、纠正通说的课题，同时，要根据研究条件和自己的专业方向、研究能力选择合适的课题。

▶ 2. 资料的收集与整理

任何的科学研究都是在前人研究成果的基础上完成的，因此，在正式撰写论文之前必须收集大量的资料，并加以阅读、鉴别和整理。

▶ 3. 确定主题，初步确定论文的题名

主题是指作者在一篇论文中提出的基本观点或中心论点，是课题研究的结论部分。

在阅读大量的与自己选题相关的文献资料后，进行分析、概括、比较、提炼，即可得出学术论文中的中心论点，并进而初步确定论文的题名。

▶ 4. 拟定写作提纲

写作提纲是论文写作的内容框架。一般包括题名、中心论点、内容提要和章节标题，格式如图 8-3 所示。

同时，要注意划分好层次段落、注意过渡照应、斟酌开头结尾。

▶ 5. 撰写初稿

写作提纲拟好后，就可按照提纲撰写初稿。撰写初稿，就是将精选并加工整理的素材与自己的意思、观点一起组织成文。初稿的撰写一般有三种顺序。

1）引言→本论→结论

先写引言，再写本论，最后写结论。这种顺序符合人们的思维方式，比较常用。

2）本论→结论→引言

先写本论，再写结论，最后写引言。集中精力撰写本论，本论写好了，结论自然就出来了，再反过来写引言就容易多了。

```
题名
中心论点
内容提要
1. 引言
   提出中心论点
   说明写作意图
2. 本论
   2.1……
      2.1.1……
      2.1.2……
      2.1.3……
   2.2……
      2.2.1……
      2.2.2……
3. 结论
```

图 8-3 写作提纲的格式

3）结论→本论

先写结论，再写本论。这是一种类似倒叙的方法，先在文章开头提出结论，再来论证，而没有引言部分。这种写法也比较多见。

初稿尽可能写得全面而详细、内容充分，以便修改。同时，力求一气呵成，待完整的初稿完成后，再斟酌字词、补充资料，以保证思路的连续性和完整性。

▶ **6. 修改定稿**

初稿只是论文的雏形，还需要反复修改、充实与润色，形成定稿。

由于初稿一般是作者根据自己的初步想法撰写而成的，难免出现各种问题，如论点与论据脱节、论据不充分、推理不严密、语言含糊不清等。因此，应该多次反复修改，做到：论文主题鲜明、标题简练而含义到位；内容完整；引用文献客观真实、保持原意；推敲语言，用词准确，简洁，恰到好处；推理严密；同时注意文字书写、标点符号、参考文献的使用要符合相关标准规范。

8.2.5 学术论文的投稿

除学术论文和一些研究报告外，学术论文修改定稿后，下一步就是投稿发表，以向学术界公开研究成果，并体现其价值。稿件可以投向学术期刊、学术会议和专业报纸，但以学术期刊为主。投稿时应该注意以下事项。

▶ **1. 要了解学术期刊的详细情况**

学术期刊的详细情况包括期刊的性质、收录范围、栏目内容、出版周期，对论文、对作者的具体要求，以及期刊的等级等。比照自己论文的内容、质量与发表时间要求，决定投稿期刊。水平高的论文可投向核心期刊，甚至国家级期刊或 SCI、EI 收录期刊，水平一般或较低的投向一般期刊。选定期刊后，再根据期刊的特殊要求，对论文格式或作者简介进行局部调整。

▶ 2. 要尽量投正刊，而不要投增刊或年刊，也不要投没有正式刊号(ISSN)的刊物

大多数单位考核个人学术成果或评聘职称时，对发表在增刊、年刊和非正式刊物上的论文是不算的。

▶ 3. 要避免投稿时上当受骗

近年来，为了迎合一些作者为评职称或课题结题而急于发表论文的需要，一些非法刊物冒充正式刊物、虚构 ISSN 号，甚至冒充核心期刊欺骗作者骗取版面费；也有不法人员以帮人在核心期刊发表论文为诱饵行骗。因此，在投稿前，一定要查实清楚，可利用《中文核心期刊要目总览（2020 年版）》核实其是否为核心期刊，登录新闻出版总署网站（http：//www.gapp.gov.cn/）核实或直接向新闻出版总署报刊司咨询其是否有 CN 号的正式刊物。

▶ 4. 不要"一稿多投"

"一稿多投"是指作者将同一论文同时投向多家期刊。它可能造成所投期刊重复发表同一文章的问题，有损作者声誉和期刊的质量，同时也影响作者今后在这些刊物发表论文。我国有关条例规定"作者不得一稿多投"，几乎所有的期刊都明确反对"一稿多投"。

8.3 学位论文的写作

学位论文是指为申请学位而撰写和提交的论文。

8.3.1 学位论文的特点和类型

▶ 1. 学位论文的特点

学位论文作为学术论文的一种形式，除具有学术论文的学术性、创新性与科学性特点外，还有其独自的特性。

1) 有规范的操作程序

学位论文写作有一套完整的、规范化的操作程序，写作之前要做开题报告，写作完成后，要进行论文答辩。只有答辩成绩合格，才有可能获得相应的学位。

2) 篇幅较长

一般的学术论文少则 3 000～4 000 字，多则 6 000～7 000 字。而学位论文以国内大学为例，一般学士学位论文应达到 1 万字左右，硕士学位论文 2 万～4 万字，博士学位论文则应达到 5 万字以上，当然根据学科不同字数要求也有差别。

3) 格式、装订与版式有特殊要求

国家标准《学位论文编写规则》GB/T 7713.1—2006 对学位论文的完整组成部分做了明确的规定，如除主体部分外，还要有题名页、摘要页和目次页等，还可有封面、封二、致谢、附录、索引等内容。各学位授予单位对学位论文也有相对统一的装订和版式等方面的要求，如纸张的大小、排版格式、封面与封底的颜色、装订的位置与方法等。

▶ 2. 学位论文的类型

根据授予学位论文的级别不同，可以将学位论文分为以下三种类型。

1) 学士学位论文

学士学位论文是指高等院校本科毕业生的毕业论文。学士学位论文应用能够反映作者已较好地掌握了本门学科的基础理论、专门知识和基本技能，并具有从事科学研究工作或担负专门技术工作的初步能力。

2) 硕士学位论文

硕士学位论文是指为申请硕士学位而撰写的论文。《中华人民共和国学位条例》(2004)第五条规定，申请者必须通过硕士学位的课程考试和论文答辩，成绩合格，达到规定的学术水平，才能授予硕士学位。

3) 博士学位论文

博士学位论文是指为申请博士学位而撰写的论文。《中华人民共和国学位条例》(2004)第六条规定，申请者必须通过博士学位的课程考试和论文答辩，成绩合格，达到规定的学术水平，才能授予博士学位。

博士学位论文表明作者已在本门学科上掌握了坚实宽广的基础理论和系统深入的专门知识，在科学或专门技术上做出了创造性的成果，并具有独立从事创新科学研究工作或独立承担专门技术开发工作的能力。

8.3.2 学位论文的组成部分

关于学位论文的组成部分，国家标准《学位论文编写规则》GB/T 7713.1—2006 中有明确规定。

学位论文除了具有学术论文的基本构成，即包括题名、作者姓名和单位、摘要、关键词、正文和参考文献外，还需要或可有其特有部分。学位论文一般包括前置部分、主体部分、参考文献、附录和结尾 5 个组成部分。

▶ 1. 前置部分

1) 封面

学位论文可有封面。学位论文封面应该包括题名页的主要信息，如论文题名、论文作者等。

2) 封二

学位论文可有封二。封二上包括学位论文版权声明及作者和导师签名等，其内容应符合我国著作权相关法律法规的规定。

3) 题名页

学位论文应有题名页。题名页主要内容包括中图分类号(采用《中图法》第 4 版或《中国图书资料分类法》第 4 版标注)、学校代码、UDC(按《国际十进制分类法》进行标注)、密级(按《文献保密等级代码与标识》GB/T 7156—2003 标注)、学位授予单位、题名和副题名(题名以简明的词语恰当、准确地反映论文最重要的特定内容，一般不超过 25 字，应中英文对照。题名通常由名词性短语构成，应尽量避免使用不常用缩略语。首字母缩写、字符、代号和公式等)、责任者(包括研究生姓名，指导教师姓名、职称等)、申请学位(包括申请的学位类别和级别)、学科专业、研究方向(指本科专业范畴下的三级学科)、论文提交日期、培养单位等。

4）英文题名页

英文题名页是题名页的延伸，必要时可以单独成页。

5）勘误页

学位论文如有勘误页，应在题名页后另起页。在勘误页顶部应放置题名、副题名（如有）和作者名信息。

6）致谢

致谢应放在摘要页前，一般有如下致谢对象。

（1）国家科学基金，资助研究工作的奖学金基金，协同单位，资助或支持的企业、组织或个人。

（2）协助完成研究工作或提供便利条件的组织或个人。

（3）在研究工作中提出建议和提供帮助的人。

（4）给予转载和应用权的资料、图书、文献、研究思想和设想的所有者。

（5）其他应感谢的组织和个人。

7）摘要页

摘要页内容包括摘要和关键词，分为中文摘要页和英文摘要页。学位论文的中文摘要一般字数为 300~600 字，外文摘要实词在 300 个左右。如遇特殊需要字数可以略多。摘要中应尽量避免采用图、表、化学结构式、非公知公用的符号和术语。

关键词应体现论文特色，具有语义性，在论文中有明确的出处，并应尽量采用《汉语主题词表》或各专业主题词表提供的规范词。为了便于国际交流，应标注与中文对应的英文关键词。学位论文的英文摘要页一般另起一页。

8）序言或前言

学位论文的序言或前言，一般是作者对本篇论文基本特征的简介，如说明研究工作缘起、背景、主旨、目的、意义、编写体例，以及资助、支持、协作经过等。这些内容也可以在正文引言（绪论）中说明。

9）目次页

学位论文应有目次页，排在序言和前言之后，另起页。

10）图和附表清单（如有）

学位论文中如图表较多，可以分别列出清单置于目次页之后。图的清单应有序号、图题和页码。表的清单应有序号、表题和页码。

11）符号、标志、缩略词、首字母缩写、计量单位、名词、术语等注释表（如有）

符号、标志、缩略词、首字母缩写、计量单位、名词、术语等注释说明，如需汇集，可集中置于图表清单之后。

▶ 2. 主体部分

主体部分应从另页右页开始，每一章应另起页；一般从引言（绪论）开始，以结论或讨论结束。

引言（绪论）应包括论文的研究目的、流程和方法等。

论文研究领域的历史回顾，文献回溯，理论分析等内容，应独立成章，用足够的文字叙述。

主体部分由于涉及的学科、选题、研究方法、结果表达方式等，有很大的差异，不能做统一的规定，但是必须实事求是、客观真切、准备完备、合乎逻辑、层次分明、简练可读。

图应有编号。图的编号由"图"和从"1"开始的阿拉伯数字组成，图较多时，可分章节编号，图最好有图题。

表应有编号。表的编号由"表"和从"1"开始的阿拉伯数字组成，表较多时，可分章节编号，表最好有表题。

正文中注释应有控制数量，不宜过多。由于学位论文篇幅较长，建议采用中文编号加"脚注"的方式。最好不用采用中文编号加"尾注"的方式。

学位论文主体部分的其他组成部分（如引言、引文标注、结论等）与一般学术论文类似。

▶ 3. 参考文献

参考文献是文中引用的具有文字来源的文献集合，其著录项目和著录格式遵照《文后参考文献著录规则》GB/T 7714—2015 的规定执行。参考文献应置于正文后，并另起页。

所有被引用文献均要列入参考文献中。正文未被引用但被阅读或具有补充信息的文献可集中列入附录中，其标题为"书目"。

▶ 4. 附录

附录作为主体部分的补充，并不是必需的。附录是不宜放在正文中，但有参考价值的内容，如调查问卷、公式推演、编写程序、原始数据附表等，一般附录的篇幅不宜超过正文。

▶ 5. 结尾部分（如有）

结尾部分包括以下内容。

（1）分类索引、关键词索引（如有）。

（2）作者简历，包括教育经历、工作经历、攻读学位期间发表的论文和完成的工作等。

（3）其他，包括学位论文原创性声明等。

（4）学位论文数据集。

8.3.3 学位论文的开题与写作步骤

与一般的学术论文一样，学位论文的撰写也是从选题开始。学位论文与期刊论文、会议论文有所不同，其选题较大，耗时较长。学士学位论文不须撰写开题报告，但应与指导教师反复沟通，确定适当的论题；硕士学位论文则必须撰写开题报告，并通过答辩，才能开始论文写作。硕士学位的开题包括选题和撰写开题报告两个步骤。

▶ 1. 选题

选题是学位论文写作的关键性一步，是撰写学位论文的基础。学位论文选题的好坏，直接涉及论文的水平，甚至决定学位论文能否顺利完成。

选题应该具有新颖性和创造性，不能有歧义，以免产生误解，还应该根据学位论文的级别、自己的专业特点、研究条件与科研能力，选择大小适中、难度得当的课题。一般来说，学士学位论文题目应当小些、具体些，硕士学位论文与博士学位论文题目应当大一些，但也不应该太大。

选题的选择可以从以下几个方面来考虑：一是从所学的专业课中去选题，或根据老师讲课中启发而产生课题；二是结合导师承担的科研课题；三是从自己正在申报的科研项目或正在研究的课题中选题；四是从当前理论界正在讨论和关注的重点、难点或前沿热点问题去选题；五是从自己的工作实践中去选题。

查阅文献信息是学位论文选题必不可少的重要一环。一般可拟定一两个可能的研究方向，然后查阅文献，以确定选题的新颖性，同时启发思路、借鉴方法。选题一般要查询以下几类文献。

（1）学位论文。这是必须查询的第一类文献。如果选题已经被他人作为学位论文写作过，或者他人已在相关学位论文中充分论证，则难以体现自己论文的学术创新，应该改换论题。

（2）一般学术论文。论题较小，篇幅较短的学术论文有可能对自己学位论文中的某些章节、某些观点做了比较精辟、详细的论述，这也会在一定程度上削弱学位论文的学术创新性。则必须查询常用的中文论文数据库。

（3）科研成果、专利与产品数据库。应用研究或实验性、实践类的学位论文还要查询科技成果、产品等事实型数据库和专利文献数据库，以确认没有相关的专利、成果、产品等。

▶ 2. 开题报告

撰写开题报告是硕士学位论文写作的重要环节，是论文选题进行系统总结的过程。开题报告应包括以下内容。

（1）论文选题的理由和意义，说明课题的来源、理论、实际意义、价值，以及可能达到的水平。

（2）国内外关于该论题的研究现状及趋势（文献综述）。

（3）研究内容、方法与技术线路，包括研究目标、内容、拟突破的难题或攻克的难关、论文的创新点或实际应用价值，拟采用的研究方法、实验方案或可行性分析。

（4）研究计划与进度安排（包括预计中期报告及论文答辩的时间）。

（5）估算论文工作所需经费，并说明其来源。

（6）主要参考文献。

开题报告写好后，要填写研究生学位论文开题报告表。然后，要召开开题报告会（或答辩会），接受由3人以上专家（其中至少2人应具有副高级以上职称）组成的专家小组评议。专家主要考查学位论文的先进性和可行性，包括选题是否适当、技术路线是否合理、实验方法是否可行、研究工作计划是否明确等方面。最后，因专家填写开题报告审查表，签署是否同意开题意见。如开题报告未能通过答辩，则必须重做开题报告。

学位论文的写作步骤与普通学术论文类似，开题后，要经过材料的收集和整理、确定主题与拟定写作提纲、撰写论文、修改定稿等步骤。

8.4 文献综述的撰写

文献综述是学术论文写作的重要步骤。文献综述需要在收集大量文献的基础上，进行分析、总结。

8.4.1 文献综述概述

文献综述，又称综述，英文为 review，是利用已发表的文献资料为原始素材撰写的论文。综述包括"综"与"述"两个方面。所谓"综"，就是指作者必须对占有的大量素材进行归纳整理、综合分析，而使材料更加精练、更加明确、更加层次分明、更有逻辑性。所谓"述"就是评述，是对所写专题进行比较全面、深入、系统的论述。因此，综述是对某一专题、某一领域的历史背景、前人工作、争论焦点、研究现状与发展前景等方面，以作者自己的观点写成的严谨而系统的评论性、资料性科技论文。

综述反映出某一专题、某一领域在一定时期内的研究工作进展情况，可以把该专题、该领域及其分支学科的最新进展、新发现、新趋势、新水平、新原理和新技术进行比较全面地介绍，给读者，尤其是从事该专题、该领域研究工作的读者提供参考。因此，综述是教学、科研以及生产的重要参考资料。

根据搜集的原始文献资料数量、提炼加工程度、组织写作形式，以及学术水平的高低，文献综述可分为归纳性综述、普通性综述和评论性综述三类。

▶ 1. 归纳性综述

归纳性综述是作者将搜集到的文献资料进行整理归纳，并按一定顺序进行分类排列，使它们互相关联、前后连贯，而撰写的具有条理性、系统性和逻辑性的学术论文。它能在一定程度上反映出某一专题、某一领域的当前研究进展，但很少有作者自己的见解和观点。

▶ 2. 普通性综述

普通性综述是由具有一定学术水平的作者，在搜集较多资料的基础上撰写的系统性和逻辑性都较强的学术论文，文中能表达出作者的观点或倾向性。此类论文对从事该专题、该领域工作的读者有一定的指导意义和参考价值。

▶ 3. 评论性综述

评述性综述是由具有较高学术水平、在该领域有较高造诣的作者，在搜集大量资料的基础上，对原始素材归纳整理、综合分析、撰写的反映当前该领域研究进展和发展前景的评论性学术论文。因论文的逻辑性强，有较多作者的见解和评论，故对读者有普遍的指导意义，并对读者的研究工作具有导向意义。

8.4.2 文献综述的写作方法

文献综述与一般科技论文不同。科技论文注重研究方法的科学性和结果的可信性，特别强调阳性结果。而文献综述要写出主题（某一专题、某一领域）的详细情报资料，不仅要指出发展背景和工作意义，而且还应有作者的评论性意见，指出研究成败的原因；不仅要指出目前研究的热点和争论焦点，而且还应指出有待于进一步探索和研究的领域；不仅要介绍主题的研究动态与最新进展，而且还应在评述的基础上，预测发展趋势和应用前景。因此，综述的书写格式比较多样化，除了题目、署名、摘要、关键词（这四部分与一般科技论文相同）以外，一般还包括前言、主体、总结和参考文献四部分，其中前三部分系综述的正文，后一部分是撰写综述的基础。

▶ 1. 前言

与一般科技论文一样，前言又称引言，是将读者导入论文主题的部分，主要叙述综述的目的和作用，概述主题的有关概念和定义，简述所选择主题的历史背景、发展过程、现状、争论焦点、应用价值和实践意义，同时还可限定综述的范围，使读者对综述的主题有一个初步的印象。这部分为200～300字。

▶ 2. 主体

综述主体部分的篇幅范围特别大，短者5 000字左右，长者可达几万字，其叙述方式灵活多样，没有必须遵循的固定模式，常由作者根据综述的内容自行设计创造。一般可根据主体部分内容的多寡分成几个大部分，每部分标上简短而醒目的小标题。部分的区分标准也多种多样，有的按年代，有的按问题，有的按不同论点，有的按发展阶段。然而，不管采用何种方式，都应该包括历史发展、现状评述和发展前景预测三方面的内容。

1）历史发展

按时间顺序简述该主题的来龙去脉、发展概况及各阶段的研究水平。

2）现状评述

重点论述当前国内外的研究现状，着重评述哪些问题已经解决，哪些问题还没有解决，提出可能的解决途径；目前存在的争论焦点，比较各种观点的异同并做出理论解释，亮明作者的观点；详细介绍有创造性和发展前途的理论和假说，并引出论据，指出可能的发展趋势。

3）发展前景预测

通过纵横对比，肯定该主题的研究水平，指出存在的问题，提出可能的发展趋势，指明研究方向，提示研究的捷径。

▶ 3. 总结

总结部分又称为结论、小结或结语。书写总结时，可以根据主体部分的论述，提出几条语言简明、含义确切的意见和建议；也可以对主体部分的主要内容做出扼要的概括，并提出作者自己的见解，表明作者赞成什么、反对什么；对于篇幅较小的综述，可以不单独列出总结，仅在主体各部分内容论述完后，用几句话对全文进行高度概括。

▶ 4. 参考文献

参考文献是综述的原始素材，也是综述的基础，因此，拥有并列出足够的参考文献显得格外重要。它除了表示尊重被引用作者的劳动及表明引用的资料有其科学依据以外，更重要的是为读者深入探讨该主题提供查找有关文献的线索。

8.4.3 文献综述的写作步骤

▶ 1. 选题

文献综述的选题应遵循以下几个原则：

（1）选择的专题或领域。应是近年来进展较快、内容新颖、知识尚未普及而研究报告积累甚多的主题，或研究结论不一致有争论的主题，或是新发现和新技术在我国有应用价值的主题。

（2）选题与作者的关系。应选择与作者从事的专业密切相关的主题；或是与作者从事专业交叉的边缘学科的主题；或是作者即将进行探索与研究的主题；或是与作者从事专业关系不大，但乐于探索的主题；或是科学情报工作者作为研究成果的主题。

（3）题目要具体、明确，范围不宜过大，切忌无的放矢，泛泛而谈。

（4）选题必须有所创新，具有实用价值。

▶ 2. 搜集文献

题目确定后，需要查阅和积累有关文献资料，这是写好综述的基础。因而，要求搜集的文献越多、越全越好。常用的方法是通过文摘、索引期刊等检索工具书查阅文献，也可以采用微机联网检索等先进的查阅文献方法。

▶ 3. 阅读和整理文献

阅读文献是写好综述的重要步骤。因此，在阅读文献时，必须领会文献的主要论点和论据，做好"读书笔记"，并制作文献摘录卡片，用自己的语言写下阅读时所得到的启示、体会和想法，摘录文献精髓，为撰写综述积累最佳的原始素材。阅读文献、制作卡片的过程，实际上是消化和吸收文献精髓的过程。制作的卡片和笔记便于加工处理，可以按综述的主题要求进行整理、分类编排，使之系列化和条理化。最终对分类整理好的资料进行科学分析，结合作者的实践经验，写出体会，提出自己的观点。

▶ 4. 撰写成文

撰写综述之前，应先拟定写作大纲，然后写出初稿，最后进行修改。

8.4.4 撰写文献综述的注意事项

（1）文献综述内容应是前人未曾写过的。如已有人发表过类似综述，一般不宜重复，更不能以他人综述之内容作为自己综述的素材。

（2）对于某些新知识领域、新技术，写作时可以追溯该主题的发展过程，适当增加一些基础知识内容，以便读者理解。对于人所共知或知之甚多的主题，应只写其新进展、新动向、新发展，不重复别人已综述过的前一阶段的研究状况。

（3）文献综述的素材来自前人的研究报告，必须忠实原文，不可断章取义，阉割或歪曲前人的观点。

（4）文献综述的撰写者必须对所写主题的基础知识、历史与发展过程、最新进展全面了解，或者作者本身也从事该主题的研究工作，是该主题的"专家"，否则容易出大错、闹笑话。

（5）撰写文献综述时，搜集的文献资料尽可能齐全，切忌随便收集一些文献就动手撰写，更忌讳阅读了几篇中文资料，便拼凑成一篇所谓的综述。

（6）文献综述的原始素材应体现出一个"新"字，亦即必须有最近、最新发表的文献，一般不将教科书、专著列为参考文献。

思考与习题

1. 学术论文的类型有哪几种?
2. 学术论文与学位论文的基本构成要素各有哪些,有什么区别?
3. 文献综述有哪些类型?
4. 文献综述报告写作步骤有哪些?
5. 自拟一个具体的课题名称,按照文献综述的写作方法来完成该课题的综述报告。

第 9 章　文献管理

> **学习目标**
> 1. 了解文献管理软件的功能；
> 2. 掌握 NoteExpress 中的个人数据库的创建；
> 3. 掌握利用 NoteExpress 撰写论文。

内容框架

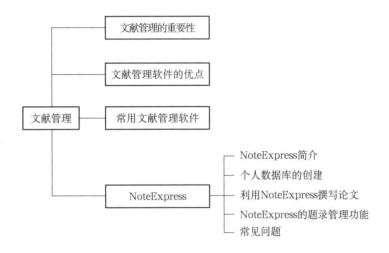

9.1　文献管理的重要性

在科研论文写作过程中，都需要搜集大量的文献进行研读并引用。面对大量的文献，在编辑文献时可能会遇到一定的困难，如果没有好的文献管理工具，仅仅借助个人的能力进行文献分类管理是相当麻烦的。另外，准确引用适当的参考文献，对于科研论文的质量有着明显的影响。因此，如何科学地管理文献、有效而准确地使用文献就显得特别重要。文献管理软件是集检索、管理、分析及论文写作为一体的，能高效地帮助用户进行文献管理的软件。

9.2 文献管理软件的优点

(1) 可以通过文字处理软件(如 Word)中的插件,方便地在论文所需之处插入所引用的文献,软件自动根据文献出现的先后顺序编号,或根据要求注明作者和论文发表年份。

(2) 可以根据指定的格式将引用的文献附在文章的最后。

(3) 在文章中间插入了引用的新文献,或删除了部分已有的文献,软件将自动更新编号,并自动更新文章最后参考文献目录中的文献内容。

(4) 可以通过因特网在各个数据库中直接检索文献,并保存到用户自己建立的数据库中,或者通过局域网或因特网检索数据数据库,下载所需文献后,读入各种格式的文献检索结果。

(5) 可以在软件内链接因特网上的全文数据库和图片等与该文献相关资料,链接位于本地计算机硬盘内的 PDF 文件或与该文献相关的任何文件(如图像、声音、视频等)。

(6) 可以上网下载输入过滤器、杂志输出格式等文件,也可以自己编辑杂志输出格式等。

(7) 节约时间,文献引用准确无误。

9.3 常用文献管理软件

目前,国际上较为常用的文献管理软件有:NoteExpress、EndNote、Reference Manager、ProCite、WriteNote、RefWorks、Scholar's Aid。前三种软件均为当前国际科技界参考文献管理的主流软件,其中 NoteExpress 全面支持中文,在国内应用较为广泛,本书将对此进行详细介绍。EndNote 和 Reference Manager 均为美国 Thomson ISI ResearchSoft 公司研制,EndNote 对撰写英文文章帮助较大。

9.4 NoteExpress

9.4.1 NoteExpress 简介

作为国内最专业的文献检索与管理系统,NoteExpress 可以通过各种途径高效、自动地搜索(含互联网)、下载、管理文献资料和论文,不需要脱离 Word 环境,在使用 Word 过程中可输出各种格式化的参考文献信息。与同类国外相关软件相比,NoteExpress 不仅具有更高的效率,可更好地兼容中文信息,更容易上手,而且具有一些独特的创新功能以及丰富的辅助资源,具有良好的发展潜能,是管理和使用参考文献资料和信息的重要工具。其核心功能如下。

(1) 检索:支持数以百计的全球图书馆书库和电子数据库。

(2) 管理:可以分门别类地管理百万级的电子文献题录(电子文献题录指的就是文献,

其内容涉及参考文献的标题、作者、摘要、关键词等,在 NoteExpress 中,书目、手稿、软件等也称为题录)和全文,独创的虚拟文件夹功能更适合多学科交叉的现代科研。

(3)分析:对检索结果进行多种统计分析,从而使研究者更快速地了解某领域里的重要专家、研究机构、研究热点。

(4)发现:具有与文献相互关联的笔记功能,能随时记录阅读文献时的思考,方便以后查看和引用;

(5)写作:支持 Word,在论文写作时可以随时引用保存的文献题目,并自动生成符合要求的参考文献索引。

NoteExpress 工作界面如图 9-1 所示。

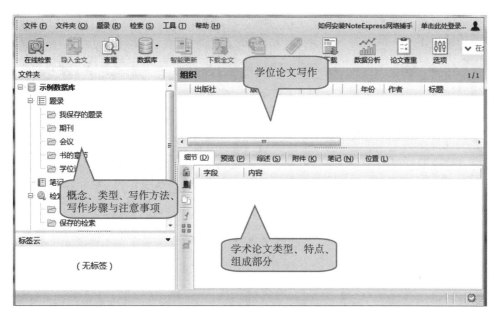

图 9-1 NoteExpress 工作界面

9.4.2 个人数据库的创建

NoteExpress 数据库以题录为核心进行管理,单击"文件"菜单的"新建数据库"可以建立新的数据库,NoteExpress 数据库文件的扩展名为".nel",接着再建立题录数据库,方式有两种:手工导入和在线数据库导入。

▶ 1. 手工导入

手工导入主要针对已经查阅的文献,借助 NoteExpress 进行更便捷、科学、规范的管理,可分为单条导入和批量导入两种。

1)单条导入。

通过在题录列表栏中点击鼠标右键,选择"新建题录",选择题录类型,在弹出的"新建题录"对话框中(图 9-2),填写对应字段相关内容,字段内容可以为空。

2)批量导入

通过"文件"菜单下的"导入文件为题录和附件"功能支持导入文件夹中的文件或批量文件,如图 9-3 所示。

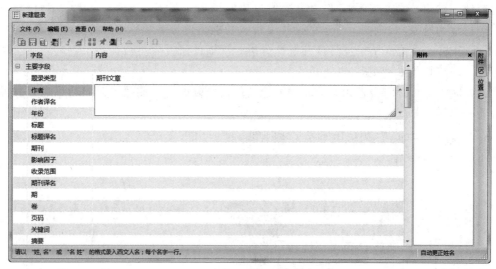

图 9-2 "新建题录"对话框

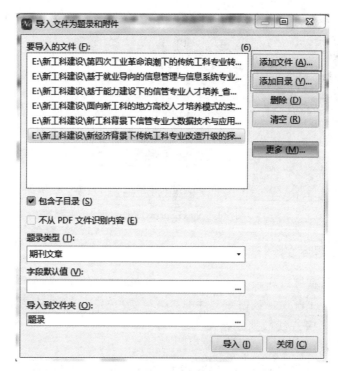

图 9-3 "导入文件为题录和附件"对话框

▶ 2. 在线数据库导入

通过"在线检索"按钮下"选择在线数据库"命令可以实现 NoteExpress 在线数据库导入,以国内应用比较广泛的 CNKI 为例。在如图 9-4 所示的对话框中,选择"CNKI 中国知网",然后单击"确定"按钮,打开如图 9-5 所示对话框,输入检索条件并单击"开始检索"按钮,检索后勾选所需题录并保存。回到主界面,双击某个题录,打开如图 9-6 所示的"编辑题录"对话框,可以查看题录详细信息,在其右上角有全文数据链接网址,双击即可进入全文下载页面。NoteExpress 同时也支持在数据库中检索后将题录直接导入 NoteExpress 成为题录数据库，这里不再赘述。

图 9-4　在线数据库选择

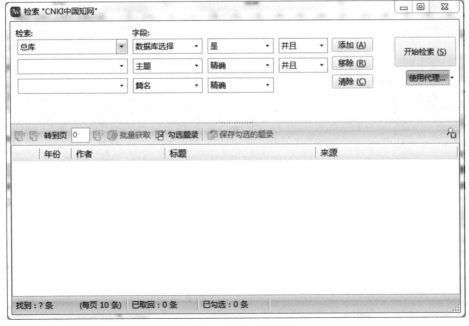

图 9-5　CNKI 检索设置

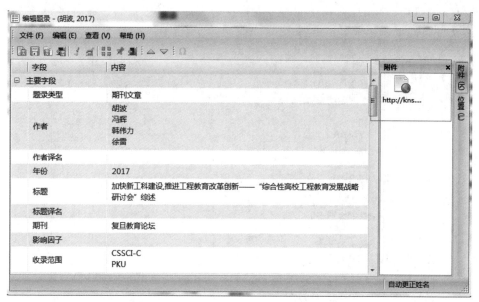

图 9-6 "编辑题录"对话框题录详细页面

9.4.3 利用 NoteExpress 撰写论文

NoteExpress 支持在论文中插入格式化的参考文献,省时省力。当电脑安装了 NoteExpress 软件之后,每次打开 Word 文档进行编辑的时候,都会出现"NoteExpress"选项卡,选项卡中提供了"转到 NoteExpress""插入引文""插入笔记""格式化""检索"等功能按钮。

▶ 1. 插入引文

首先将光标移至需要插入引文的位置,单击插件中的"转到 NoteExpress"按钮切换至 NoteExpress 数据库,选中需要插入的题录,回到 Word 文档窗口,点击插件中的"插入引文"按钮,即可插入选中的题录。

▶ 2. 格式化参考文献

插入引文后,在论文后面会自动生成对应的参考文献,格式为默认,此时可根据需要进行修改,方法是点击插件上的"格式化"按钮,在弹出的"格式化"对话框中(图 9-7),选择输出样式、设置数据同步等参数。

▶ 3. 编辑引文

将光标停留在需要编辑的引文处,点击插件中的"编辑引文"按钮,在弹出的对话框中根据需要进行设置,如图 9-8 所示。

9.4.4 NoteExpress 的题录管理功能

▶ 1. 查找重复题录

在不同数据库中用相同的检索条件进行检索,或者数据库由几个小数据库合并而成,因而会不可避免地出现重复题录。重复题录不仅浪费磁盘空间,也会造成重复阅读等一系列问题,NoteExpress 提供查找重复题录功能。

图 9-7 "格式化"对话框

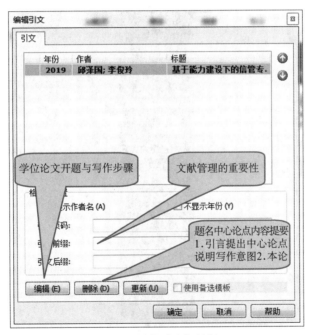

图 9-8 "编辑引文"对话框

▶ 2. 虚拟文件

在同一数据库中,一条题录分属于两个或几个不同的分类目录(或者说一条跨学科的题录需要分别放在不同的文件夹),NoteExpress 提供虚拟文件夹功能管理此类跨学科的文献。

▶ 3. 表头 DIY

电脑屏幕大小有限，在一个屏幕显示重要的题录字段内容可以使用表头 DIY 功能，比如将影响因子、收录范围等对文章有重要作用的字段呈现在题录表头。

▶ 4. 表头排序

NoteExpress 的表头排序功能可以按照某一个表头字段简单排序，还能按照多个表头字段多重排序。

NoteExpress 还提供了本地检索、保存检索条件、组织、回收站、多数据库、数据备份、标签标记等强大的管理功能，可以分类管理电子文献题录和全文。

9.4.5 常见问题

▶ 1. Word 插件不能正常使用的解决办法（以 Word 2016 为例）

（1）单击"文件"选项卡中的"选项"，如图 9-9 所示。

图 9-9 "选项"示意图

（2）在新弹出的窗口中选择加载项，找到"禁用项目"，点击"转到"，如图 9-10 所示，若禁用项目中含有 NoteExpress 的 Word 插件，则将其删除，若没有则进行下一步。

（3）重复第（1）步，找到加载项，选择"com 加载项"，点击"转到"，如图 9-11 所示。

（4）新窗口中若包含 NoteExpress 的 Word 插件则将其删除，然后点击"添加"，找到 NoteExpress 的安装目录下的"NEWordAddin.dll"文件，添加即可，如图 9-12 所示。

图 9-10　禁用项目

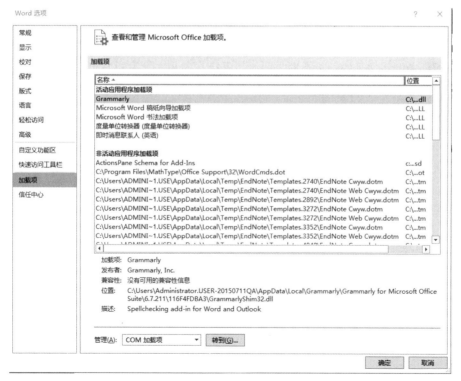

图 9-11　COM 加载项

图 9-12　选择文件

▶ 2. 题录类型及其个字段的说明

对于研究者来说，经常接触到的文献类型有期刊文章、书籍、报纸等。在 NoteExpress 中，对于各个类型的题录，都分别对应一系列字段，各字段的值就构成了该文献题录的信息。

对于初次使用 NoteExpress 的用户来说，手动输入题录或打开题录编辑时，会对其中长串的字段信息感到困惑。其实，对于大多数用户，通常给出题录的常见字段信息就可以应对文章撰写等任务。在常见的题录类型中，比如书籍、期刊文章，通常定义好主要字段的信息就可以了。此外，还可以通过在题录列表栏的标题处右击选择"自定义"，弹出如图 9-13 所示窗口进行设置。

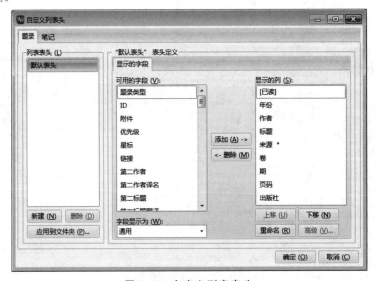

图 9-13　自定义列表表头

▶ 3. 将 EndNote 数据导入 NoteExpress

（1）打开你的 EndNote 数据库，在 EndNote 菜单栏中选择 Edit→Output Styles→Open Style Manager。

（2）打开 Style Manager 后，滑动列表选择"EndNote Export"。

（3）点击选择你需要导出到 NoteExpress 的文献（按"Ctrl"键，同时点击"选择多条"）。

（4）点击 File→Export（导出前请确认你的 Output Styles 选择的是 EndNote Export）。

（5）EndNote 弹出对话框，指定文件保存位置和文件名，点击"保存"。

（6）打开 NoteExpress，选择"文件→导入题录"（或使用快捷键"Ctrl+M"）。

（7）在 NoteExpress 的导入对话框中，选择文件保存位置，过滤器选择"EndNote Import"，选择"导入文件夹"，点击"开始导入"，如图 9-14 所示。

图 9-14 "导入题录"对话框

▶ 4. 修改参考文献输出格式

（1）首先运行 NoteExpress 软件，选择工具→样式→样式管理器，如图 9-15 所示。

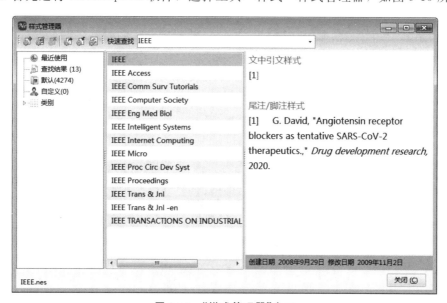

图 9-15 "样式管理器"窗口

（2）在样式管理器窗口，可以发现软件内置了很多期刊的参考文献格式，可以在快速查找栏搜索，如果没有找到，那么可以点击图标(创建新样式)进行创建。

| 思考与习题 |

1. 常用的文献信息管理软件有哪些？
2. NoteExpress 的主要优点是什么？
3. 如何在 NoteExpress 中创建个人数据库？
4. 如何利用 NoteExpress 撰写论文？

第 10 章　信息法规与信息道德

学习目标

1. 了解信息法规与信息道德的概念；
2. 理解信息法规的内容；
3. 理解信息道德的功能；
4. 理解学术道德与网络道德。

内容框架

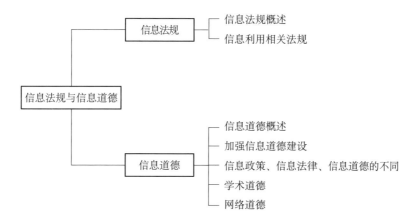

随着信息化时代的到来，信息广泛渗透到人类社会、经济和文化生活的各个领域，成为宝贵的资源和财富。及时获取必要、准确的信息是个人、社会存在与发展的前提条件。但是，没有规矩无以成方圆，在利用信息资料的过程中，需要信息法规与信息道德进行制约。只有遵守信息法规、维护信息道德，才能最大限度地获取应用信息的自由。

10.1　信息法规

10.1.1　信息法规概述

▶ 1. 信息法规的内涵

有学者认为，信息法规是由信息法律（Legislation）和信息规章制度（Regulation）共同构成，即信息法规是通过法律程序对各项信息政策予以确立，使之规范化，具有约束力，是保障信息政策得以贯彻、实施的重要法律手段；也有学者认为，信息法规是在调整信息活动中产生的各种社会关系的法律规范的总称，其调整对象是在信息活动中产生的各种社会关系。这种社会关系包括以信息为中心进行的一系列活动中由于人们之间的交互行为产生的与信息有关的各种社会关系，包括信息获取关系（或称信息的采集、收集）、信息加工处理关系（或称信息的整理）、信息传播关系（或称信息的传递、传输）和信息存储（或称信息的保留、储存）关系等。

信息法规的作用主要体现在以下几个方面：规范信息主体的信息活动，这是信息法规的直接体现；保护信息主体的信息权利；协调和解决信息矛盾；保护国家利益和社会公共利益；推动经济与社会的良性运作和协调发展。可以说，信息法规是信息社会的法律基础。

▶ **2. 信息法规与信息政策的区别与联系**

与信息法规较相似的名词叫信息政策。我国学者卢泰宏教授提出，信息政策是指国家用于调控信息业的发展和信息活动的行为规范的准则，它涉及信息产品的生产、分配、交换和消费等各个环节，以及信息业的发展规划、组织和管理等综合性的问题。

信息法规与信息政策既有区别又有关联，主要区别在于：

（1）本质的不同。信息政策代表政策制定者的利益和意志，不具备强制性；信息法规代表国家的利益和意志，具有强制性。信息政策可以通过特定的程序被国家相应机关制定或认可为法律。

（2）性质的不同。信息政策作为社会信息活动的宏观性指导原则，在执行过程中允许有灵活性，并且随着信息环境的变化而不断补充、修改和完善；信息法规是在长期实践和经验累积的基础之上确立下来的比较固定的行为规范，而且其制定、修改和废除都需要经过严格复杂的法律程序，因而稳定性较强。

（3）功能的不同。信息政策的基本功能是"导向"，即运用行政手段鼓励和支持社会的信息活动以达到信息政策目标；信息法规的基本功能是"制约"，即运用法律手段限制和约束社会的信息行为以保护信息活动的健康发展。

同时，信息政策与法规又是互相联系的，二者的联系表现在信息政策是信息法规的基础，信息政策对信息法规的确定具有指导作用。

▶ **3. 信息法规的内容体系**

信息法规的内容主要包括信息基本法、信息产业法律制度、信息技术法律制度、信息资源管理法律制度、信息市场管理法律制度、信息安全法律制度、信息产权法律制度、电子商务法律制度、国际信息交流和合作法律制度等。

1）信息基本法

信息基本法是规范和调整整个信息化活动和信息化关系的法律总称，它以《宪法》为依据，对信息法律的立法宗旨、基本原则、调整对象及范围、信息化法律关系、奖惩原则等作出了明确的规定。信息基本法是信息法规体系的基础和准则，对各种具体法律规定的制定起指导作用。

2）信息产业法律制度

具有高渗透、智力密集程度高、技术含量丰富、发展快和高增值等特点的信息产业，要想持续更好地发展，必须有一系列相适应的法律制度予以保障。许多国家尤其是发达国家和新兴工业国家为了促进本国信息产业的发展，增强其竞争力，都在信息产业政策、法律的研究和制定上做了不懈努力。现有的信息产业法律制度如信息产业发展法、信息产业投资管理条例、信息技术法、信息工程建设投资管理条例、信息设备制造法等。它是信息产业可持续发展的根本法律保障。

3）信息技术法律制度

信息技术对未来社会发展具有重大战略意义，如何结合信息技术领域科技发展本身的特点，利用法律手段创造一种强有力的促进机制，以推动信息技术的研究开发以及产业化进程，是我国信息技术领域的首要法律问题。因此，将信息技术区别于其他的科学技术，将有关信息技术的立法纳入信息法体系具有重要意义。

4）信息资源管理法律制度

信息资源管理法律制度是国家及有关部门在信息资源的接收、整理、加工、保管、开发、利用等活动中制定的管理制度。在信息资源法律制度的构建中，应重点制定信息资源法，规定政府信息和其他公用信息开发利用的具体规则，促进和保护合法信息的开发利用；规定新闻出版与信息的传播具体规则，约束非法信息的传播；规定信息传播与数据交换的具体规则，确保信息传输过程中的物理安全等内容，如新闻法、广告法、信息传播法、电信法、数据通信法、计算机信息网络的国际联网管理规定等。

5）信息市场管理法律制度

以规范信息市场主体、维护信息市场体系和秩序为出发点，健全信息市场管理法律制度，改变信息市场无章可循、无法可依的局面。信息市场管理法律制度的建立，必须保证每个公民都有平等占用信息的权利，要对信息商品的价格、质量、交易规则、占用方式及税收管理等做出明确规定。它包括信息市场管理法、信息标准法、技术合同法、反不正当竞争法、信息质量管理条例、信息用户保护法等等。

6）信息安全法律制度

信息安全问题是信息化社会中最为重要的问题之一，信息价值的剧增、信息技术的渗透和信息系统的扩大，已使单纯的技术手段无法应付信息安全保护问题，许多发达国家已将国家信息安全问题作为发展经济的战略重点。它包括保守国家秘密法、国家信息安全法、档案法、隐私法、科学技术保密条例、科技档案管理条例、信息加密与解密法、计算机信息系统安全保护条例等。

7）信息产权法律制度

信息技术的发展和应用，既为人类提供了全新的信息获取方式，也带来了大规模的侵权事件。如对专有信息资源专用、保密权的冲击，数据主权问题，多媒体作品著作权问题，信息生产者与传播者的利益关系问题，等等，都必须依赖完善的知识产权保护法予以解决。它包括：著作权法、专利法、商标法、统计法、商业秘密保护法、数据库保护法、计算机软件保护条例等。

8）电子商务法律制度

当前，电子商务在全球范围内已经得到蓬勃发展，各国政府对电子商务的巨大发展潜力给予了高度关注，尤其是发达国家和地区，将电子商务发展看做未来世界经济发展的一个重要推动力。同时，电子商务在改变传统商业运营模式和贸易形态以及商务内容的同时，也带来了一系列全新的法律问题。电子商务法律制度的建立得到了高度重视，它是电子商务发展的前提和条件。要逐步建立和完善电子商务的法律体系，既要对现有法律条文进行适当修改完善，又要制定新的法律。

9）国际信息交流和合作法律制度

必须对涉外信息交流与合作做出必要的法律限制，既要防止泄密，保护国家主权和政治、经济利益以及本国公民权利，又要防止别国的经济、文化侵略和对知识产权的侵害。它包括：跨国数据流宣言、各国合理使用太空资源的国际公约、国际信息交流的协定；涉外信息交流法、信息出口管理条例、信息产业利用外资办法，等等。

▶ 4. 信息法规的特点

1）强制性

信息法规是国家强制保证实施的行为规范，是国家权力机关通过立法程序制定的，代表国家的利益和意志，具有强制性。每位公民都应自觉遵守信息法规，维护信息环境的和谐发展。

2）稳定性

信息法规是信息政策的规范化、条文化。信息法规是在长期实践和经验累积的基础之上确立下来的比较固定的行为规范，而且其制定、修改和废除都需要经过严格复杂的法律程序，因而稳定性较强。

3）制约性

信息法规的基本功能是"制约"，即运用法律手段限制和约束社会的信息行为以保护信息活动的健康发展。

4）发展性

信息法规在稳定性的基础上也同时具备发展的特点。信息技术的发展日新月异，信息法规的制定也要跟上信息技术发展的步伐，相关职能部门应及时制定或者修订相关的信息法规，使其更加适合当前的信息环境。

10.1.2 信息利用相关法规

▶ 1. 知识产权法

1）知识产权的概念和范围

知识产权，也叫智力成果所有权，是民事主体对其创造性的劳动成果依法所享有的专有权利。知识产权的内容包括著作权及其相关权利和专利权、商标权及其他工业产权。知识产权作为民事权利的一种，它所保护的最为重要的对象是人类的创造性智力成果。相应地，基于这一权利而构筑的知识产权制度，其调整的主要内容是整个人类文明的两大基础——科学技术和文学艺术。

广义的知识产权，是指一切在保护期限之内的人类智力创造的成果。《建立世界知识产权组织公约》第 2 条指出，知识产权包括：有关文学、艺术和科学作品的权利；有关表演艺术家的演出、录音和广播的权利；有关人们在一切领域中的发明的权利；有关科学发现的权利；有关工业品式样的权利；关于商标、服务商标、厂商名称和标记的权利；关于制止不正当竞争的权利；在工业、科学、文学或艺术领域里一切其他来自知识活动的权利。

狭义的和传统的知识产权则是指工业产权和著作权两部分，其中工业产权主要是指专利权和商标权。

2021年1月1日实施的《民法典》第123条规定:"民事主体依法享有知识产权。知识产权是权利人依法就下列客体享有的专有权利:(一)作品;(二)发明、实用新型、外观设计;(三)商标;(四)地理标志;(五)商业秘密;(六)集成电路布图设计;(七)植物新品种;(八)法律规定的其他客体。"

2) 知识产权法的概念

知识产权法是调整人们在创造、利用、交易和保护智力成果过程中所产生的各种社会关系的法律规范的总称。知识产权法通常调整以下社会关系。

(1) 知识产权人因创造智力成果所形成的社会关系。知识产权的形成意味着在知识产权人与国家、法人、其他组织或其他自然人之间产生了特定的社会关系,即知识产权法律关系。

(2) 知识产权人因使用其智力成果所形成的社会关系。知识产权人依法对其智力成果享有专用权和专有权。基于此,知识产权所有人行使其权利的过程中必然与其他相对人发生一定的社会关系。

(3) 知识产权人因交易智力成果而发生的社会关系。知识产权人创造完成的智力成果通过自身行为往往难以实现其价值,一般需要通过交易行为才能够实现权利人利益的最大化。知识产权法在平衡知识产权人与使用者之间各种社会关系时起着重要的调整作用。

(4) 知识产权人因救济智力成果而发生的社会关系。知识产权作为一种独占权,具有对抗一切他人非法使用的效力,对知识产权侵权行为给予制裁意味着对权利人依法予以救济。这种救济主要体现在知识产权法律制度中的法律责任制度。

3) 知识产权法的作用

在我国社会主义制度下,知识产权作为一种重要的民事法律制度,其贯彻实施将对我国经济、文化建设发挥重要的作用。

(1) 有利于调动人们从事智力活动的积极性,创造更多智慧成果。

知识产权法律制度确认作者、发明人、设计人对其创造性劳动成果依法享有专有权、专用权和专利权,并保护其不受侵犯。建立和完善知识产权法律制度,有助于全社会进一步形成尊重知识、尊重人才的良好风尚,保护知识产权人合法权益,激发人们进行智力创作和科研活动。

(2) 有利于智慧成果的转化与运用,以产生巨大的经济效益和社会效益。

专利权人和商标权人通过转让或者许可他人使用其智慧成果,可使技术成果转化为生产力,提升权利人在市场中的综合竞争力,并为权利人和社会带来巨大的经济效益。只有充分发挥知识产权在增强国家经济科技实力和国际竞争力、维护国家利益和经济安全方面的重要作用,才能为我国进入创新型国家行列提供强有力的支撑。

(3) 有利于繁荣社会主义文化,加速精神文明建设与创建和谐社会。

知识产权制度保障学术自由,鼓励创作内容健康向上。加强知识产权的法律保护,充分保障知识产权人的人身权利和财产权利,对于繁荣和发展我国的科学技术和文化艺术,树立正确的理想、信念和价值观,提高全民族的科学文化水平,加快我国社会主义物质文明和精神文明建设,创建和谐社会,都将具有重要的保障作用。

(4) 有利于知识共享，促进国际科学技术和文化的交流与合作。

科学技术和文化艺术是人类共同的精神财富，只有互相合作，彼此交流才能借鉴吸收，共同发展。随着我国知识产权战略的制定和实施，知识产权制度将有利于进一步开展国际贸易，并为我国对外进行文化交流、艺术合作提供法律依据和法律保障。

▶ 2. 著作权法

1) 著作权法的概念

著作权也称版权，是指文学、艺术和科学等作品的作者或其他著作权人，在法定期限内对其作品所依法享有的专有权利。著作权通常有狭义和广义之分。狭义的著作权即作者权，是指作者依法享有的权利，包括著作人身权和著作财产权。广义的著作权还包括邻接权，即与著作权相联系的作品传播者的权利，主要指表演者、录音录像制品制作者和广播电视组织的权利以及图书报刊出版者的权利等。

著作权除了具有知识产权共有的无形性、专有性、时间性、地域性等特征外，还具有如下特征：

(1) 自动取得。著作权随作品创作完成而自动产生，不需申请与审查，未发表作品也享有著作权。

(2) 人身权保护不受期限限制。著作权的人身权归作者享有不能转让；除发表权外，保护期不受时间限制。

2) 著作权法的作用

著作权法担负着保护作者合法权益，促进优秀作品广泛传播，加强文化交流的重要任务，它调整着作者因行使其著作权与促进作品广泛传播的矛盾，平衡作者个人利益与社会整体利益的关系，是促进文化和科学繁荣与发展的重要手段。

(1) 保护著作权以及与著作权有关的权益。

保护作者因创作作品而产生的正当权益，是我国著作权法的主要任务，也是著作权法发挥其他作用的前提和基础。作者是直接创作作品的人，要调动作者的创作积极性，就必须要明确作者的法律地位和正当权益。

(2) 鼓励优秀作品的创作和传播。

保护作者正当权益，鼓励作者创作的目的就在于广泛传播优秀作品，促进知识的积累和交流，丰富人们的精神文化生活，提高全民族、全人类的科学文化素质，以推动经济的发展和人类社会的进步。各国著作权法在承认和保护作者专有权利的同时，也要求作者必须为社会承担必要的、合理的义务。其目的在于促进优秀作品的广泛传播，鼓励广大群众参加文化活动，迅速提高全民族的科学文化水平。

(3) 促进我国社会主义精神文明建设。

著作权法的实施，有助于加强对科学、文化、技术和艺术等作品的管理，查禁各种淫秽物品，消除文化垃圾和精神毒品，纠正出版和印刷行业中的不正之风，打击滥编、滥印、非法出版等投机诈骗活动。著作权法在加强社会主义精神文明建设的同时，对促进我国市场经济发展、早日实现现代化建设起着重要作用。

(4) 提升全人类科学文化水平。

我国虽是一个有着五千年历史的文明古国，但科学技术还比较落后，生产力发展水平还比较低。因此，要实现社会主义现代化，首先要实现科技现代化，为此，一方面我们要提高自主创新能力;另一方面必须在平等互利的基础上,引进一些必要的先进科学技术来改善我国目前的状况。这就要求我们必须大力开展对外贸易、互通有无。而在国际领域,著作权方面的国际合作是文化合作和文化交流的重要手段,它能够有效地引进国外的优秀作品和先进的科学技术,又能维护本国文学、科学、技术和艺术作品的作者在国外的合法权益。

▶ 3.《计算机软件保护条例》

为了保护计算机软件著作权人的权益,调整计算机软件在开发、传播和使用中发生的利益关系,鼓励计算机软件的开发与应用,促进软件产业和国民经济信息化的发展,根据《中华人民共和国著作权法》,制定了《计算机软件保护条例》。

1991年10月1日我国《计算机软件保护条例》首次颁布和实施;2001年12月国务院发布新的《计算机软件保护条例》,2002年1月1日起施行;根据2011年1月8日《国务院关于废止和修改部分行政法规的决定》进行了第1次修订;根据2013年1月30日《国务院关于修改〈计算机软件保护条例〉的决定》进行第2次修订。该《条例》分总则、软件著作权、软件著作权的许可使用和转让、法律责任、附则,共5章33条。其中,计算机软件是指计算机程序及其文档资料。

《计算机软件保护条例》规定,软件著作权人享有以下各项权利:

(1)发表权,即决定软件是否公之于众的权利。

(2)署名权,即表明开发者身份,在软件上署名的权利。

(3)修改权,即对软件进行增补、删节,或者改变指令、语句顺序的权利。

(4)复制权,即将软件制作一份或者多份的权利。

(5)发行权,即以出售或者赠予方式向公众提供软件的原件或者复制件的权利。

(6)出租权,即有偿许可他人临时使用软件的权利,但是软件不是出租的主要标的的除外。

(7)信息网络传播权,即以有线或者无线方式向公众提供软件,使公众可以在其个人选定的时间和地点获得软件的权利。

(8)翻译权,即将软件从一种自然语言文字转换成另一种自然语言文字的权利。

(9)应当由软件著作权人享有的其他权利。

▶ 4.《信息网络传播权保护条例》

为保护著作权人、表演者、录音录像制作者的信息网络传播权,鼓励有益于社会主义精神文明、物质文明建设的作品的创作和传播,根据《中华人民共和国著作权法》,制定《信息网络传播权保护条例》。

《信息网络传播权保护条例》于2006年5月公布,根据2013年1月《国务院关于修改〈信息网络传播权保护条例〉的决定》修订。《信息网络传播权保护条例》包括合理使用、法定许可、避风港原则、版权管理技术等一系列内容,区分了著作权人、图书馆、网络服务商、读者各自可以享受的权益,网络传播和使用都有法可依,形成一个相互依存、相互作用、相互影响的"对立统一"关系,很好地体现了产业发展与权利人利益、公众利益的平衡,为产业加速发展做好了法律准备。

《信息网络传播权保护条例》规定:权利人享有的信息网络传播权受著作权法和本条例保护。除法律、行政法规另有规定的外,任何组织或者个人将他人的作品、表演、录音录像制品通过信息网络向公众提供，应当取得权利人许可，并支付报酬。权利人行使信息网络传播权，不得违反宪法和法律、行政法规，不得损害公共利益。为了保护信息网络传播权，权利人可以采取技术措施。任何组织或者个人不得故意避开或者破坏技术措施，不得故意制造、进口或者向公众提供主要用于避开或者破坏技术措施的装置或者部件，不得故意为他人避开或者破坏技术措施提供技术服务。但是，法律、行政法规规定可以避开的除外。

10.2 信息道德

10.2.1 信息道德概述

▶ 1. 信息道德的概念

信息道德（information morality）是指在信息领域中用以规范人们相互关系的思想观念与行为准则。信息道德是在信息技术发展的前提下形成的，是人们利用电子信息网络进行交互时所表现出来的一种道德关系。信息道德作为信息管理的一种手段，与信息政策、信息法律有密切的关系，它们各自从不同的角度实现对信息及信息行为的规范和管理。

▶ 2. 信息道德的内容

信息道德内容可概括为两个方面、三个层次。

所谓两个方面，即主观方面和客观方面。前者是指人类个体在信息活动中以心理活动形式表现出来的道德观念、情感、行为和品质；后者是指社会信息活动中人与人之间的关系以及反映这种关系的行为准则与规范。

所谓三个层次，即信息道德意识、信息道德关系、信息道德活动。信息道德意识包括与信息相关的道德观念、道德情感、道德意志、道德信念、道德理想等。它是信息道德行为的深层心理动因，集中地体现在信息道德原则、规范和范畴之中。信息道德关系包括个人与个人的关系、个人与组织的关系、组织与组织的关系。这种关系是建立在一定的权利和义务的基础之上，并以一定的信息道德规范形式表现出来的。信息道德关系是一种特殊的社会关系，是被经济关系和其他社会关系所决定、所派生出来的人与人之间的信息关系。信息道德活动包括信息道德行为、信息道德评价、信息道德教育和信息道德修养等。信息道德行为即人们在信息交流中所采取的有意识的、经过选择的行动；根据一定的信息道德规范对人们的信息行为进行善恶判断即为信息道德评价；信息道德教育是按一定的信息道德理想对人的品质和性格进行陶冶；信息道德修养则是人们对自己的信息意识和信息行为的自我解剖、自我改造。

▶ 3. 信息道德的功能

信息道德的作用是多方面的，归纳起来，信息道德具有以下功能：

1）认识功能

信息道德的认识功能是通过信息道德意识和信息道德判断来实现的，信息道德启示人们认识自己所处的信息环境，认识自己在信息活动中享有的权利，以及对他人、对组织、对国家应负的责任和应尽的义务，启示人们科学地洞察和认识信息时代社会道德的特征和规律，正确认识自己在信息活动中对他人、对社会应负的责任，从而正确地选择自己的信息行为。

2）调节功能

信息道德的调节功能是指信息道德具有通过道德评价等方式来指导、纠正人们的信息行为和信息活动，从而协调人们之间信息关系的能力。在信息时代，人与人之间、人与社会之间的信息关系是紧密而复杂的，在信息的生产、处理和传播的过程中，不可避免地发生各种利益的冲突。信息道德的调节功能以道德评价为主要形式，通过社会舆论、良心、风俗习惯、榜样感化和思想教育等说服和强制手段，规范和纠正人们的信息行为，使其符合信息社会基本的价值规范和道德准则，从而使信息活动中个人与他人、个人与社会的关系变得和谐。

3）教育功能

信息道德通过社会舆论培养人们良好的信息道德意识，提高人们在信息活动中的道德水平。用道德评价使人们懂得信息活动中什么是应该崇尚的，什么是应该摒弃的，从而树立正确的信息价值观念。信息社会中的信息道德教育具有终身性，是人"终身学习"的一个有机组成部分。信息道德教育强调个人作为教育过程参与者的积极性，鼓励人们在信息活动中不仅做先进信息道德思想的理解者和接受者，也做先进信息道德思想的探索者和传播者。

10.2.2 加强信息道德建设

▶ 1. 加强信息道德意识培养

道德意识是人们内心一种善的观念，培养信息道德意识，就是培养人们的道德良知。良知是人们内心的一种道德判断能力，对是非善恶有着很强的辨析力，可以指导行为主体在面临选择时倾向于一种"应当的"或"正当的"做法，并持守着一条有所为、有所不为的行为界限。一个人只有内心真正有了自觉的良知，有了明确的道德判断力，才会做出道德的行为。应加强对人们道德意识的培养，使人们形成良好的道德意识，并使这种意识在其内心牢牢扎下根基，形成最基本的道德判断力，并终身受益。

▶ 2. 加强信息道德规范建设

网络社会与现实社会相比存在很大差异，传统的道德规范已不能完全适应网络信息社会的发展。人们不可能把传统的道德规范直接引入网络社会中。因此，除了发扬传统道德外，还必须根据网络的特点制定一些适合网络社会的道德规范和规则。完善的社会奖惩机制必须基于诚实、公正和真实等原则建立起来，并运用这些原则禁止不道德行为，通过对违背规则行为的惩罚和对遵守规则行为的鼓励来加强信息道德建设。

▶ 3. 加强信息道德行为自律

道德对社会的调节根本上是以人们的道德自觉行为为基础的。尤其是在当今的网络信息社会，信息法律这种他律性的制约显得孤立无援、无可奈何的情况下，道德自觉性显得极为重要。网络信息社会中，行为主体的真实身份被虚拟网络所掩盖，法律无法确定行为主体，况且网络犯罪往往是高科技犯罪，智力性强、隐蔽性强。当今社会，人们更加需要道德的自觉行为。

10.2.3 信息政策、信息法律、信息道德的不同

▶ 1. 制定主体不同

信息政策是国家行政机关制定的一种行政手段，信息法律是立法机构制定的一种法律手段，信息道德则是依靠社会舆论和内心信念形成的一种行为规范。信息政策和信息法律依靠的是外部强制力，而信息道德是自控力。

▶ 2. 作用范围不同

信息政策是各种不同的行政部门就信息活动中的某个方面所指定的规范，是在一定时期内的行为准则，针对性强，具有阶段性和灵活性，作用范围也有一定的局限性。信息法律的作用范围比信息政策普遍、稳定、时效性长。信息道德的作用范围比信息政策和信息法律都要广，涉及社会生活的各个领域，对各种信息行为都有道德规范的评价态度。

▶ 3. 执行手段不同

由于信息政策是由某个行政部门制定的，对本部门的违反者可施以行政处罚，有一定的强制性，但由于原定条文中有些不确定性以及各因素变化影响，使强制性受到不同程度的影响。信息法律是国家立法机关制定和认可的，对违反法律者，将进行强制执行。而信息道德不具有明确的文字形式，不具备任何强制力，违反道德规范，通常只会受到社会舆论的谴责或受到自己内心信念的责备。

10.2.4 学术道德

学术道德是人们在从事学术研究活动时所遵循的道德规范和行为准则，是指导研究者在学术研究活动中正确处理人与自然、人与人、个人与社会、个人与国家之间关系的行为规范，是衡量研究者道德品质的重要标准。

学术道德包括以下五个方面的基本内容。

▶ 1. 学术诚信

学术诚信是科研工作者开展科研活动时坚持实事求是，不欺骗、不弄虚作假，恪守科学价值和科学精神的内在道德要求。学术诚信作为科研从业者最基本的职业道德，是社会诚信和科研伦理的重要支撑。学术诚信是指作为人类智慧最高代表的科研工作者在探究主客观世界真理的实践过程中，内心深处保持对主客观世界规律的敬畏，保有对科学研究过程的虔诚，从而树立实事求是、严谨科学的作风，通过研究所得出的成果真实可靠，能够得到科学共同体及全社会充分信赖的状态。

▶ 2. 学术规范

学术规范指的是科研工作者在学术活动中应当遵守的各种行为规范的总和，是学者在其从事学术研究活动的过程之中就如何进行知识生产及再生产，如何进行知识交流及传播等具体的学术活动中所达成的一致共识。基本的学术规范要求研究者：在撰写学术论文时不得抄袭、剽窃，不得侵吞和篡改他人学术成果；在开展科学实验和实证研究中不得伪造或篡改数据，不得捏造科学事实；在引述他人学术成果时不得伪造文献和注释；不得在未参与创作的学术论文中署名，也不得未经他人许可就使用他人署名；在发表学术论文时不得一稿多投和重复发表等。

▶ 3. 学术伦理

科学研究是以揭示主客观世界发展规律为基本任务的人类活动,科学研究的基本特征之一是客观性、科学性和真理性。科学本身是中立的,但从事科学研究的学者和科学家是有价值选择的,科学研究还应具有关照人类福祉的人文性,学术伦理就是要求科研工作者在研究动机上要防止将学术研究的结果引向违背人类伦理要求的方向。学术伦理的核心问题就是使科学研究不能损害自然环境生态和人类生存环境,不能故意戕害自然生命,保障人类的生命财产安全和切身利益,促进自然和人类社会的可持续发展。

▶ 4. 学术责任

学术责任主要是指学术研究所承担的社会功能,包括研究高深学问的责任、培养人才的责任、引领先进文化的责任、服务社会发展的责任等。学术研究的根本目的是要通过科学研究帮助人类发现、掌握和运用主客观世界规律,创造和丰富人类知识文化,培养和造就社会需要的各类人才,并利用科研成果改造自然和社会,使之服务于人类实际生活需要。

▶ 5. 学术精神

高校作为传播知识、培养人才以及科技创新的重要基地,亦被看作是社会文明的重要标志和人类道德的标杆。长期以来,我国各界科研工作者保持了优良的学术风范,坚持诚实守信、求真务实、勇攀高峰的科学精神,有力地推动了国家科学事业的进步,为经济社会发展做出了巨大贡献,并为全社会塑造了道德高尚、淡泊名利、为追求真理而无私奉献的光辉典范。学术精神强调的是科研工作者应具备的价值观念、人文情操、意志品质、行为取向等方面的主客观表现,是对学术活动应有的道德认知,对学术事业积极、深厚的道德情感,追求真理的坚强道德意志,以及所形成的道德智慧和达到的学术境界。

10.2.5 网络道德

网络道德,指以善恶为标准,通过内心信念和传统观念等来评价上网行为,调节网络时空中人际关系的规范。互联网的开放性特点导致了网络信息的庞杂多样、良莠不齐。同时,互联网的虚拟性特点导致了更大程度的自由与随便。隐蔽的身份,互动开放的环境,对道德规范更是一个严峻的考验。

由于道德观念的紊乱,现代信息活动中出现了大量的道德失范行为,导致信息活动系统充满冲突、混乱和无序,主要有以下几种。

▶ 1. 侵犯隐私权

隐私是属于个人的私人信息,如住址、收入、账户、健康状况、感情生活等。隐私权即个人有保护隐私使其不受他人侵权的权利。信息网络技术的应用使隐私权受到前所未有的挑战,一方面,对个人信息的收集变得极其容易而隐秘;另一方面,个人信息更容易被当成商品交换和买卖。

▶ 2. 侵犯知识产权

知识产权是法律所赋予知识产品所有人对其创造性智力成果的专有权利。知识产权制度产生的原因是基于这样的认识:如果不对创造性智力成果予以保护,那么知识数量与传播速度势必低于效率水平。随着信息复制技术尤其是网络信息技术的发展,知识产权可以被大批量复制,并以极其分散、隐蔽的方式进行。

▶ 3. 信息污染

信息污染是指有意地制造和发布有害、虚假、过时和无用的不良信息而导致的危及人类健康生存和信息活动低效率的状况。随着信息资源的数字化和网络化，信息污染开始向技术方向发展。网络的开放性、交互性和匿名性特点使不良信息的制造和发布获得了巨大的释放空间，信息污染日益加深并成为严重的社会问题。

▶ 4. 信息安全的威胁

信息安全即保证信息的完整性、秘密性、可用性和可控性。网络信息技术的应用使信息安全面临严峻的挑战。非法入侵、计算机病毒和网络犯罪是威胁信息安全的三个最主要问题。非法入侵即未经许可进入计算机系统，查看、篡改数据甚至窃取他人的保密信息，这是最常见的信息安全问题。计算机病毒是指在计算机程序中插入的破坏计算机功能或数据，影响计算机使用并且能够自我复制的一组计算机指令或程序代码。网络犯罪是最严重的网络破坏行为，主要包括网络盗窃、网络诈骗、数字破坏、网络教唆等形式，极大地危及人们的生命财产安全和国家安全。

▶ 5. 信息欺诈与信用危机

信息欺诈是指利用虚假信息蒙骗对手或消费者以谋取商业利益的一种行为。虚假新闻、虚假广告、虚假行情、假冒商标、假钞、假信用卡等的泛滥，表明虚假信息已成为商业活动中人们"竞争"和牟利的手段。信息欺诈所导致的一个严重后果是信用危机，它严重制约了商业信息活动的开展。

面对上述网络道德危机，除了国家的监管、互联网平台的约束，每一个参与网络的个体都应该在加强自律的同时，注意对自身信息、权益和安全的保护，网络道德的建设需要全社会的努力。

│思考与习题│

1. 我国《著作权法》规定的侵权行为有哪些？
2. 大学生在信息利用过程中应该注意哪些知识产权问题？
3. 大学生在信息道德建设中肩负什么样的责任？

第二部分 文献信息检索案例分析

案例 1　搜索引擎信息检索

一、案例目的

通过针对性的检索练习，使学生掌握网络信息检索的使用特点和有代表性的搜索引擎的特点，并熟练运用搜索引擎进行检索。

二、内容与要求

(1) 检索最近一个月内网页标题内含有医疗改革(医改)的新闻报道。写出检索表达式，利用百度进行搜索，截取检索结果第一页界面图片。

(2) 某人要去亚特兰大、格鲁吉亚旅行，要求提供酒店指南。写出检索表达式，利用微软必应进行搜索，找出关于亚特兰大、格鲁吉亚的网页各一个，分别给出网页地址并截取网页界面图片。

(3) 利用搜索引擎查找近一个月内我国政府部门网站(gov.cn)内有关"资金与实体经济"的网页信息。写出检索表达式，利用百度进行搜索，截取检索结果第一页界面图片。

(4) 利用搜索引擎查找指定类型的文档，搜索 2 篇"微观经济学"格式为 .doc 的文档。

三、预备知识

(1) 百度搜索引擎使用技巧。
(2) 必应搜索引擎使用技巧。
(3) 各搜索引擎语法使用方法。
(4) 搜索引擎进阶搜索使用方法。

四、环境与要求

(1) 计算机实验室应配有相应的软件运行环境，如办公软件 Office 等。
(2) 计算机数量以学生数为准，做到每人 1 台。
(3) 所有计算机应接入互联网，以便于信息检索和数据传输。

五、实现步骤

▶ 1. 检索最近一个月内网页标题内含有医疗改革(医改)的新闻报道

(1) 提取关键词：网页标题中 医疗改革 医改。
(2) 构建检索表达式：title：((医疗改革 | 医改))。
(3) 打开百度主页：http：//www.baidu.com 进行检索，方法有两种。

第一种方法：在搜索栏直接输入检索词"title：((医疗改革 | 医改))"进行搜索，如

案例图 1-1 所示。

案例图 1-1　直接输入检索词进行检索的结果截图

第二种方法：使用百度高级搜索，输入如案例图 1-2 所示的内容后，单击"百度一下"，即可得到相应的搜索结果，如案例图 1-3 所示。

案例图 1-2　高级搜索内容设置

▶2. 某人要去亚特兰大、格鲁吉亚旅行，要求提供酒店指南

（1）提取关键词：亚特兰大　格鲁吉亚　酒店指南，英文为 Atlanta Georgia Hotel Guide。

（2）构建检索表达式：（ATLANTA OR GEORGIA）AND Hotel Guide。

（3）打开必应国际版主页 https：//cn.bing.com/进行检索，方法有两种。

第一种方法：在搜索栏直接输入检索词"（ATLANTA OR GEORGIA）Hotle Guide"进行检索，检索结果如案例图 1-4 所示。

在检索到的结果中找出关于亚特兰大、格鲁吉亚的网页各一个（结果并不唯一），与亚特兰大有关的网址为 https：//bookings.hotelguides.com/zcom/hotelZest/PropertySearchExternal.do？compid＝2000&minFormData＝yes&searchType＝destination&lat＝38.917069&lng＝－77.021902&max_distance＝10.0&title＝Hotels％20near％20Georgia％20Avenue％20Washington&sortType＝distance，界面如案例图 1-5 所示。

案例1 搜索引擎信息检索

案例图 1-3 使用百度高级搜索进行检索的结果图

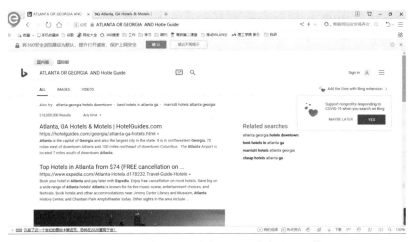

案例图 1-4 直接输入检索词进行检索的结果截图

案例图 1-5 与亚特兰大有关的网页界面截图

与格鲁吉亚有关的网址为 http：//hotelguides.com/georgia/ga-hotels.html，界面如案例图 1-6 所示。

案例图 1-6　与格鲁吉亚有关的网页界面截图

第二种方法：使用高级搜索功能进行检索的方法和百度高级搜索类似，不再赘述。

▶3. 利用搜索引擎查找近一个月内我国政府部门网站(gov.cn)内有关"资金与实体经济"的网页信息

(1) 检索表达式：site：(gov.cn) 资金 实体经济。

(2) 进行检索的方法有两种。

第一种方法：直接输入检索词"site：(gov.cn) 资金 实体经济"进行搜索，搜索结果如案例图 1-7 所示。

案例图 1-7　直接输入检索词进行搜索的结果截图

第二种方法：使用高级搜索限定的网站，具体方法不再赘述。

▶4. 利用搜索引擎查找指定类型文档，搜索 2 篇"微观经济学"格式为 .doc 的文档

(1) 语法格式：filetype：doc(ppt/txt/pdf/xls)。

(2) 利用搜索引擎的特定搜索,如百度,输入关键词"filetype:doc 微观经济学",搜索结果(数量)为 28 700 篇。

下载地址:

https://wenku.baidu.com/view/883377eb81c758f5f61f67e2.html

https://wenku.baidu.com/view/97a93d36b8f67c1cfbd6b825.html

对比关键词:微观经济学 doc,搜索结果(数量)为 124 万余篇。

六、思考与练习

(1) 小美最近想自学 Excel 2019,请帮她查找相关资料。包括自学相关资料、教学书籍、教学视频并提供网址以及精品课程网站、网址等。

(2) 利用必应搜索引擎检索找到宾夕法尼亚大学癌症中心的关于乳腺癌内容的网页。

提取关键词:University of Pennsylvania   Cancer Center   Breast Cancer

(3) 通过网站或搜索引擎检索出心理学(Psychology)方面 2020 年将召开的国际会议,要求写出检索途径、检索步骤和检索结果数量,并选择相关的会议摘要。

(4) 请你为某位同学推荐有关考研英语或 4~6 级学习方面的主要网站 3 个,并对其中一个网站做出简明介绍。写出所用检索系统、检索操作过程、步骤和结果。

(5) 利用搜索引擎查找与你所学专业相关的专门性网络检索工具或网站(5 个以上)。写出检索过程。

(6) 利用搜索引擎检索有关"AI 人工智能"的 .doc、.pdf、.ppt 格式的文件。

提示:可利用雅虎(百度不支持同时搜索多种文件类型,如果采用百度,需要分 3 次进行检索)进行搜索。

(7) 请查出"天行健,君子以自强不息"的含义和出处。写出所用检索系统或工具、操作过程、检索步骤和答案。

(8) 用必应检索在网页内含"核武器"方面的中文网页,要求显示的结果仅为 .doc 的格式。写出结果总数,并任选一条记录作检索结果。

(9) 利用百度搜索"福建新闻",设定搜索结果每页显示 20 条,并且只搜索最近一周内的网页。

(10) 在 www.china.com.cn 网站中搜索包含关键字为"公务员考试"的网页。

(11) 通过搜索引擎查找与自己所学专业相关的免费电子书。能找到英文版的吗?并列出这些书的最直接下载地址(若有请列出至少 3~5 个)。

案例 2　事实型和数值型信息检索

一、案例目的

掌握百科全书、年鉴、手册、统计资料等检索工具的用法。

二、内容与要求

(1) 使用字典、词典检索 FAO 的全称。
(2) 使用百科全书资料检索"旱地耕作制"。
(3) 使用年鉴检索 1991 年全国总人口和男女各占总人口的比例。
(4) 使用名录检索鲁迅的出生年份及代表作。

三、预备知识

▶ 1. 事实型和数值型检索工具书

(1) 字典、词典：《新华字典》《汉语大字典》《古汉语常用字字典》《中华大字典》《现代汉语词典》《汉语大词典》《汉语成语大词典》《牛津英汉双解词典》《汉英大词典》等。

(2) 百科全书：《新不列颠百科全书》《美国百科全书》《科利尔百科全书》《中国大百科全书》等。

(3) 年鉴：《中国百科年鉴》《中国农业年鉴》《中国统计年鉴》《中国经济年鉴》《世界经济年鉴》《联合国粮农组织出版的国际性农业年鉴》《中国科技统计年鉴》《世界知识年鉴》等。

(4) 手册：《中华人民共和国资料手册》《经济工作手册》《中国图书情报工作实用大用》《工程手册》《农业数据手册》等。

(5) 名录：《世界名人录》《中国当代名人录》《国际名人录》《近代农业名人录》《世界农学家名录》《农业名人录》《世界地名录》《全国乡镇地名录》《中国地名录》《中华人民共和国地图集地名索引》《中国真菌总汇》《中国鸟类分布名录》《哺乳动物分布名录》《中国水稻害虫天敌名录》《中国农工商企业产品名录》《中国企事业名录大全》《中国工商企业名录》《中国科研单位名录》《中国企事业名录全书》《世界咨询业名录》《中国技术咨询服务机构名录》《全国医院名录》《中国科学研究与技术开发机构要览》等。

(6) 图集：《中华人民共和国地图集》《世界地图》《中国农业气候资源图集》《中华人民共和国植被图》《美国农业图集》《中国农作物病虫图谱》《中国动物图谱》《中国高等植物图鉴》《中药材识别图谱》等。

(7) 表册：《中国农业大事记》《中国历史年代简表》《中华人民共和国大事记》《中华人民共和国经济发展大事记》《新编万年历》《中国历史纪年表》《中国历史年代简表》《食物成分表》《日本标准词料成分表》《中国饲料成分及营养价值表》《种子植物科属检表》《物理学常用

数表》《油菜产量测算表》等。

（8）指南：《出国留学指南》《中国名食指南》《农副产品加工指南》《农家生活指南》《中成药选用指甫》《中国供销指南》《个体工商业户经营指南》《全国新产品分布指南》《国外标准指南》《托福应试指南》《英汉对照赴美英语指南》《国内工具书指南》《国内农业情报原指南》《药剂学指南》等。

（9）资料汇编：《中国国家标准汇编》《苏联农业统计资料汇编》《中华人民共和国法规汇编》《农牧渔业法规汇编》《重要经济法规资料选编》《国外农村经济法现选编（民主德国和捷克斯洛伐克）》《中华人民共和国大事记（1949—1980）》《中华人民共和国对外经济贸易关系大事记（1949—1985）》《日本科学技术百年大事记》等。

▶ 2. 事实型与数值型数据网络检索工具

（1）万方数据知识服务平台（http：//www.wanfangdata.com.cn/）。
（2）国务院发展研究中心信息网（http：//www.drcnet.com.cn/www/integrated/）。
（3）中国经济信息网（http：//www.cei.gov.cn/）。
（4）中国资讯行（http：//www.infobank.cn/）。
（5）汉典（http：//www.zdic.net/）。
（6）在线语义词典（http：//www.onelook.com/）。
（7）Dictionary.com（http：//dictionary.reference.com）。
（8）韦氏大学词典（http：//www.merriam-webster.com）。
（9）金山词霸在线词典（http：//www.iciba.net）。
（10）海词（http：//www.dict.cn）。
（11）在线中国大百科全书（http：//ecph.cnki.net/）。
（12）中国年鉴信息网（http：//www.chinayearbook.com/）。
（13）中国年鉴网（http：//www.yearbook.cn/）。
（14）中国知网（http：//www.cnki.net/）。
（15）中国科普网（http：//www.kepu.gov.cn/）。
（16）中国电信黄页（http：//www.yellowpage.com.cn/）。
（17）中华地图网（http：//www.hua2.com/）。
（18）中国科学院数据库（http：//www.cas.cn/ky/kycc/kxsjk/）。

四、环境与要求

1. 计算机实验室应配有相应的软件运行环境，如办公软件 Office 等。
2. 计算机数量以学生数为准，做到每人 1 台。
3. 所有计算机应接入互联网，以便信息检索和数据传输。

五、实现步骤

▶ 1. 使用字典、词典检索 FAO 的全称（由缩写查全称）

检索工具：《英汉缩略语综合大词典》《英汉缩略语词典》《英汉科技缩写大辞典》《英汉农业缩略语词典》以及金山词霸在线词典等。

（1）登录福建省高校数字图书馆网站，如案例图 2-1 所示。利用福建省高校数字图书馆检索《英汉农业缩略语词典》(任继周等编，1992年由农业出版社出版)电子版，或直接翻阅印刷版，查得："FAO: Food、and Agriculture Organization of the United Nations 联合国粮农组织"。

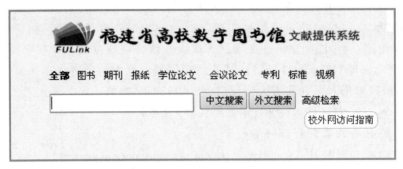

案例图2-1　福建省高校数字图书馆

(2) 还可以通过网络资源金山词霸在线词典等查询。

▶ 2. 使用百科全书检索"旱地耕作制"

"旱地耕作制"为农业相关术语，最好选用农业专科性百科全书，如《中国农业百科全书》的"农作物"卷，也可选用综合性百科全书，或者维基百科、百度百科进行检索。

可采用4种途径进行查找：

(1) 按"旱地耕作制"的第一个字"旱"的拼音"han"在书页上角循序检索。

(2) 利用"条目分类目录"检索。

(3) 利用"条目汉字笔画索引"检索。

(4) 利用"内容索引"检索。

检索结果为"旱地耕作制：完全依靠自然降水种植作物的耕作制度"。

▶ 3. 使用年鉴检索1991年全国总人口和男女各占总人口的比例。

该问题可选用1992年的《中国人口统计年鉴》或选用1992年的《中国统计年鉴》。

检索结果为：1991年全国总人口是1141907793人，男占51.52%，女占48.48%。

▶ 4. 使用名录检索鲁迅的出生年份及代表作

该问题可选用《中国当代名人录》进行检索。

检索结果为：鲁迅生于1881年，代表作有《狂人日记》《阿Q正传》《呐喊》《彷徨》等。

六、思考与练习

(1) 尝试利用相关参考工具书检索你的手机在你所在城市的售后服务电话。

(2) 请利用自己已有的知识，充分合理地利用周末的一天时间为张三安排你所在城市一天的旅行行程。要求：①列出旅行经费；②至少去三个以上景点；③包括所有的旅行路费、餐费、景点门票等开销；④具体的行走线路。

(3) 查找关于"DANCE"的含义。提示：利用《大英百科全书》。

(4) 试在网络词典中查找以下字的读音和含义：垚、犇、猋、磊、丞、晶、弄、焱、叒。

(5) "己所不欲，勿施于人"用英语怎么说呢？

(6) 利用年鉴工具查找《福建统计年鉴2020》，并简要说明该书的主要内容。
(7) 检索经济学家凯恩斯的主要著作。
(8) 检索"特许经销权"的含义。
(9) 检索福建省电力勘测设计院的有关信息。
(10) 检索孙中山的信息。
(11) 检索2020年福建省的工业产值。

案例3 图书信息检索

一、案例目的

掌握印刷型图书和电子图书信息检索的相关数据库和检索方法。

二、内容与要求

(1) 检索有关"大学英语六级"方面的馆藏图书信息。
(2) 检索"物流管理"方面的馆藏图书信息。
(3) 检索作者为"汪传雷"的馆藏图书信息。

三、预备知识

常用的图书检索工具有《全国新书目》月刊、《新华书目报》、出版社目录、图书馆目录信息检索系统(ILASⅢ知识门户检索平台)、数字图书馆信息检索系统(国家图书馆、联合书库、Fulink)、网上书店和网上免费电子图书。

四、环境与要求

(1) 计算机实验室应配有相应的软件运行环境,如办公软件Office等。
(2) 计算机数量以学生数为准,做到每人1台。
(3) 所有计算机应接入互联网,以便于信息检索和数据传输。

五、实现步骤

▶ 1. 检索有关"大学英语六级"方面的馆藏图书信息

当用户的检索需要使用较长的短语或句子表达时,检索途径一般选择"书名"索引。

(1) 登录福州外语外贸学院图书馆的书目检索系统(http://netlib.fzfu.com/),进入检索平台界面,如案例图3-1所示。也可以登录福州外语外贸学院的主页(www.fzfu.com),单击"数字图书馆",进入福州外语外贸学院图书馆页面,单击页面上的"网上图书馆"进入检索平台界面。

(2) 在检索平台界面上输入检索策略。检索途径选择书名索引,检索框输入"大学英语六级",文献类型选择"查询图书",每页显示选择"10",排序选项为"匹配度",排序方式为"降序排列",如案例图3-2所示。

(3) 单击"检索"按钮,显示检索到的文献数量和列表,如案例图3-3所示。

(4) 查看图书的详细信息。从检索到的文献列表中选中所需图书,单击"详细信息"。该图书的书名为"大学英语六级词汇2400",作者为"黄又林",索书号为"H313/HY11",

馆藏信息显示语言库有 10 本，如案例图 3-4～案例图 3-6 所示。

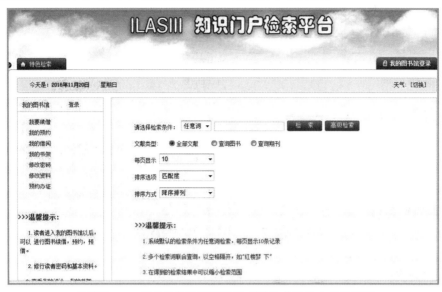

案例图 3-1　福州外语外贸学院图书馆的书目检索系统页面

案例图 3-2　输入检索策略

案例图 3-3　检索到的文献数量和列表

案例图 3-4 详细信息中的摘要信息

案例图 3-5 详细信息中的目录信息

（5）借取图书。读者利用图书的书名、作者及书号等信息，到图书馆语言库去借取该书。

▶ 2. 检索"物流管理"方面的馆藏图书信息

当用户的检索需要使用关键词表达时，检索途径选择"任意词"索引。

（1）登录福州外语外贸学院网上图书馆。

（2）在检索平台界面输入检索策略。检索途径选择"任意词"索引，检索框输入"物流管理"，文献类型选择"查询图书"，每页显示为"10"，排序选项为"匹配度"，排序方式为"降序排列"，如案例图 3-7 所示。

（3）单击"检索"按钮，显示检索到的文献数量和列表，如案例图 3-8 所示。

馆藏信息									
索书号	条码号	登录号	馆藏地点	馆藏状态	借出日期	还回日期	流通类型	预约处理	卷册说明
H313/HY11	00429776	60042704	语言库	入藏			中文图书	预借	
H313/HY11	00429878	80038545	语言库	入藏			中文图书	预借	
H313/HY11	00429774	0	语言库	入藏			中文图书	预借	
H313/HY11	00429775	60043859	语言库	入藏			中文图书	预借	
H313/HY11	00429877	80038532	语言库	入藏			中文图书	预借	
H313/HY11	01002361	0	语言库	入藏			中文图书	预借	
H313/HY11	01002362	0	语言库	入藏			中文图书	预借	
H313/HY11	01002359	0	语言库	入藏			中文图书	预借	
H313/HY11	01002363	80037658	语言库	入藏			中文图书	预借	
H313/HY11	01002360	0	语言库	入藏			中文图书	预借	

案例图 3-6　详细信息中的馆藏图书信息

案例图 3-7　输入检索策略

案例图 3-8　检索到的文献数量和列表

（4）查看图书的"详细信息"。从检索到的文献列表中选中所需图书，单击"详细信息"。该图书的书名为"物流运作管理"，作者为"张京敏"，索书号为"F252.1/ZJ12"，馆藏信息显示经济书库有 3 本，如案例图 3-9～案例图 3-11 所示。

物流运作管理/张京敏			
▸作者	张京敏	▸价格	CNY46.00
▸出版者	中国财富出版社	▸索书号	F252.1/ZJ12
▸ISBN	978-7-5047-5896-1	▸分类号	F252.1
▸页数	332页	▸出版日期	20150101

- 附件:
- 设置1:全国普通高等院校物流管理与物流工程专业教学指导意见配套规划教材 专业核心课
- 设置2:全国普通高等院校物流管理与物流工程专业教学指导意见配套规划教材 专业核心课
- 设置3:本书共分十三章,内容包括:现代物流概述、现代物流服务、仓储管理、需求预测、运输基础结构、运输合理化、商品包装管理等。

联图内容简介:
物流活动对企业或组织非常重要。企业物流活动的管理涉及许多概念、原理和方法,这些概念、原理和方法不仅来源于管理学、经济学、市场营销学、会计学、采购学以及运输学等传统学科,也有来自于运筹学、系统学、信息学的规律。本书试图将这些内容整合起来形成一个完整的理论体系,以有效管理企业的物流活动。本书的作者长期从事物流领域的教学和研究工作,曾完成大量有关物流各个领域的文章和著作,本书是作者多年在物流教学和研究过（更多）

案例图 3-9　详细信息中的摘要信息

联图目录:
1现代物流概述
　1．1现代物流的基本概念
　1．2现代物流的分类及功能
　1．3现代物流系统的要素
　本章小结
　思考题
2现代物流服务
　2．1物流服务概述
　2．2物流服务水平
　2．3物流服务战略
　本章小结
　思考题
3仓储管理
　3．1仓库概述
　3．2仓库设计
（更多）

附注提要
本书共分十三章,内容包括:现代物流概述、现代物流服务、仓储管理、需求预测、运输基础结构、运输合理化、商品包装管理等。

案例图 3-10　详细信息中的目录信息

馆藏信息

索书号	条码号	登录号	馆藏地点	馆藏状态	借出日期	还回日期	流通类型	预约处理	卷册说明
F252.1/ZJ12	20263308	0	经济书库	入藏			中文图书	预借	
F252.1/ZJ12	20263309	0	经济书库	入藏			中文图书	预借	
F252.1/ZJ12	20263307	0	经济书库	入藏			中文图书	预借	

案例图 3-11　详细信息中的馆藏信息

(5)借取图书。读者利用图书的书名、作者及索书号等信息,到图书馆经济书库去借取该书。

▶ 3. 检索作者为"汪传雷"的馆藏图书信息

当用户的检索需要使用作者表达时,检索途径选择"作者"索引。

(1)登录福建省高校数字图书馆 FULink(http：//fx.fulink.superlib.net/? adv=true),进入"高级检索",如案例图 3-12 所示。

案例图 3-12　福建省高校数字图书馆检索界面

(2)在检索平台界面输入检索策略。语种选择"中文",文献类型选择"图书",检索途径选择"作者",检索框输入"汪传雷",其余按默认设置,如案例图 3-13 所示。

案例图 3-13　输入检索策略

（3）单击"检索"按钮，显示检索到的文献数量和列表，如案例图 3-14 所示。

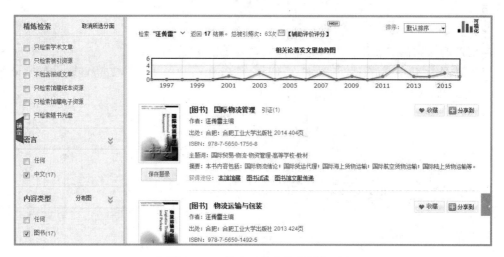

案例图 3-14　检索到的文献数量和列表

（4）查看图书的"详细信息"。从检索到的文献列表中选中所需图书，单击"本馆馆藏"，可以详细查看该图书馆藏信息。若本馆无馆藏，也可通过单击"图书馆文献传递"，获取图书的电子版材料，如案例图 3-15 所示。

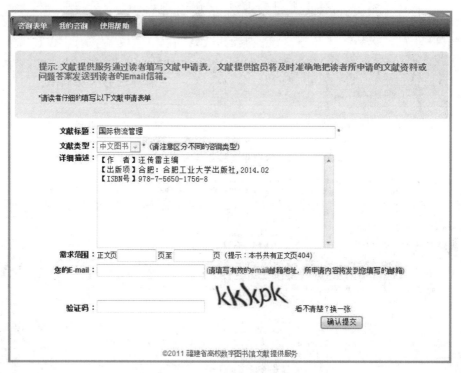

案例图 3-15　图书馆文献传递

六、思考与练习

（1）利用超星数字图书馆中的电子图书数据库，采用高级检索的方式，检索"谭浩强"所著的有关"计算机"方面的电子图书，并打开一本图书的全文。

（2）利用本校的电子图书数据库，采用高级检索的方式，检索与 Flash 有关的特效制作方面的电子图书，并打开一本图书的全文。

（3）利用本校的电子图书数据库，采用快速检索的方式，查找有关"电子政务"方面的纸本图书，并借阅。提示：分别使用书名和主题词两种检索途径进行检索。

案例4　期刊信息检索

一、案例目的

通过具体的课题检索，掌握检索工具、检索词的选取原则，评价和筛选合理的检索结果。

二、内容与要求

1. 人文社科相关文献检索。
2. 自然科学相关文献检索。

三、预备知识

常用的中文期刊检索数据库有中国知网中文期刊全文数据库、维普中文期刊数据库、万方中国学术期刊数据库、读秀学术搜索和中国科学引文数据库(CSCD)。

常用的外文期刊检索数据库有EBSCO数据库系统、SpringerLink全文数据库、EI《工程索引》和SCI《科学引文索引》。

四、环境与要求

1. 计算机实验室应配有相应的软件运行环境，如办公软件Office等。
2. 计算机数量以学生数为准，做到每人1台。
3. 所有计算机应接入互联网，以便于信息检索和数据传输。

五、实现步骤

▶ 1. 中国知网中文期刊全文数据库高级检索

检索实例：检索有关"针刺治疗网球肘"的核心期刊论文(案例图4-1)。

(1) 检索途径

主题检索。

(2) 检索式

(网球肘 OR 肱骨外上髁炎)AND(针刺 OR 针灸)。

(3) 实施检索。

(4) 结果排序

中国知网中文期刊全文数据库默认按照主题进行排序，还可按发表时间、被引频次、下载数量进行排序。

案例图 4-1　中国知网中文期刊全文数据库高级检索界面

（5）分组浏览

可对检索结果按主题、发表年度、研究层次、作者、机构、基金 6 种方式进行分组浏览。通过分组浏览可以快速找到课题所涉及的领域里的高产作者、高产机构等。

（6）文献操作

可对查找结果进行批量下载、导出参考文献以及计量可视化分析。其中计量可视化分析是 CNKI 最新推出的一个功能，通过图形化的方式展示研究的热点、高产的学者以及学者之间的关系等。

▶ 2. CNKI 中文期刊全文数据库期刊导航功能

检索实例：检索中医学相关期刊（案例图 4-2）。

（1）出版来源检索

可根据刊名、主办单位、ISSN、CN 检索已知的刊物。

（2）学科导航

可根据学科导航检索学科领域所涉及的所有期刊。锁定需要的期刊后，可根据出版年、卷、期进行浏览。

▶ 3. CNKI 中文期刊全文数据库专业检索

检索实例：检索题名中包含"流体""力学"，并且是钱伟长在上海工业大学期间发表的文章（案例图 4-3）。

（1）检索途径

题名、作者和机构

（2）检索式

TI='流体'+'力学' AND AU='钱伟长' AND AF='上海工业大学'

案例图 4-2　CNKI 中文期刊全文数据库期刊导航检索界面

（3）实施检索

案例图 4-3　CNKI 中文期刊全文数据库专业检索界面

▶ 4. 维普中文科技期刊数据库高级检索

检索实例：检索清华大学钱伟长教授的文献（案例图 4-4）。

（1）检索途径

作者和机构

（2）检索式

A='钱伟长' AND S='清华大学'

（3）实施检索

案例图 4-4　维普中文科技期刊数据库高级检索界面

注意：维普中文科技期刊数据库还有同名作者筛选功能，可选出需要的作者。

（4）结果分析

可通过"统计分析"可看到作者发文情况和被引量情况。可设置不同的文献导出格式，同时还可以根据相关度、被引量、时效性进行排序。维普中文科技期刊数据库还具有在线阅读、下载全文、文献传递的功能。

▶ 5. 维普智立方平台

检索实例：检索福建中医药大学刘献祥教授的研究方向、获得基金情况以及科研影响力（案例图4-6）。

（1）检索平台

案例图 4-5　维普智立方检索界面

选择"人物"，在文本框内输入"刘献祥"。

（2）检索结果

案例图 4-6　维普智立方平台检索结果

▶ 6. 万方中国学术期刊数据库检索

检索实例：检索"针刺促进脑卒中手功能恢复的神经影像学研究"（案例图4-7）。

（1）检索途径

关键词

（2）检索词

针刺、脑卒中、手功能、神经影像学

（3）检索式

（针刺 OR 针灸）AND（脑卒中 OR 中风 OR 脑功能障碍 OR 卒中 OR 脑梗塞 OR 脑梗死）AND（神经影像学 OR MRI OR CT）AND（手功能 OR 上肢功能）

（4）实施检索

（5）调整检索结果

可在二次检索区域输入标题、作者、关键词、刊名、起始年和结束年对结果进行二次检索。同时，检索结果可按相关度、出版时间、被引频次和下载量进行排序。

案例图 4-7　万方中国学术期刊数据库检索结果

▶ 7. 万方知识脉络分析

检索实例：检索"大数据"的热词（案例图 4-8）。

(1) 检索平台

案例图 4-8　万方知识脉络分析平台

(2) 检索结果

检索结果如案例图 4-9 所示，可在检索结果中看到研究领域逐年发文情况以及相关热词。

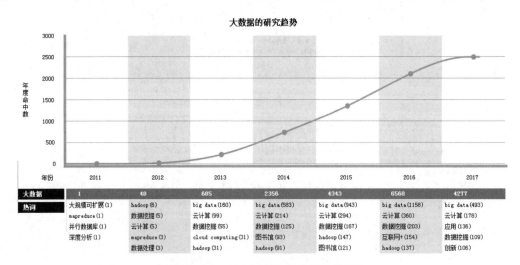

案例图 4-9　万方知识脉络分析检索结果

▶ 8. 人文社科类相关文献检索

检索实例：检索"职业女性角色冲突研究"

(1) 检索工具

CNKI 中文期刊全文数据库、SpringerLink 全文数据库。

(2) 课题分析

本课题是对有关"职业女性角色冲突"的研究进行综合分析，从中寻找出职业女性处好多重角色的途径,帮助女性更好地调整工作和生活状态,使自身获得更有成效、更全面的发展。

(3) 检索词

中文:职业女性、职业妇女、角色冲突、妇女发展、角色困惑、家庭角色、工作—家庭冲突。

英文:carrier woman(female),professional woman(female),role conflict,work-family conflict,role confusion,family。

(4) 检索过程

第一种方法:登录 CNKI 中文期刊全文数据库(www.cnki.net),进入"高级检索",如案例图 4-10 所示。可根据案例表 4-1 所示的检索策略进行相关检索。

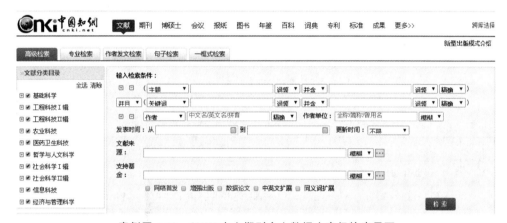

案例图 4-10　CNKI 中文期刊全文数据库高级检索界面

案例表 4-1　中国知网中文期刊全文数据库检索策略和结果

序　号	检　索　策　略	检 索 结 果	评　　价
①	检索途径:主题 检索式:职业女性 and 角色冲突	172 篇	相关性不好
②	检索途径:关键词 检索式:职业女性 and 角色冲突	159 篇	相关性良好
③	检索途径:主题、关键词 检索式:SU=职业女性 and KY=角色冲突	162 篇	相关性良好
④	检索途径:篇名 检索式:职业女性 and 角色冲突	27 篇	相关性良好
⑤	检索途径:主题 检索式:职业女性 and 家庭角色	176 篇	相关性不好
⑥	检索途径:关键词 检索式:职业妇女 and 角色冲突	5 篇	限制范围太小,后面均采用"职业女性"检索
⑦	检索途径:关键词 检索式:职业女性 and 工作家庭冲突	36 篇	相关性良好
⑧	检索途径:关键词 检索式:职业女性 and 角色困惑	0 篇	限制范围太小

续表

序号	检索策略	检索结果	评价
⑨	检索途径：主题 检索式：职业女性 and 角色困惑	8 篇	相关性良好
⑩	检索途径：篇名 检索式：职业女性 and 工作家庭冲突	21 篇	相关性良好

注：可结合③+④+⑦+⑨+⑩的检索策略。

第二种方法：登录 SpringerLink 全文数据库（http://rd.springer.com/）进入检索界面，如案例图 4-11 所示。可根据案例表 4-2 所示的检索策略进行相关检索。

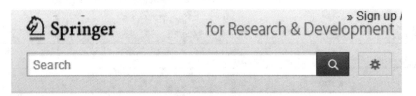

案例图 4-11　SpringerLink 全文数据库检索界面

案例表 4-2　SpringerLink 全文数据库检索策略和结果

序号	检索策略	检索结果	评价
①	full-text="carrier woman" and "role conflict"	0 篇	限制范围太小
②	full-text="carrier woman" and "work-family conflict"	0 篇	限制范围太小
③	full-text="carrier woman"	329 篇	相关性不好
④	full-text="professional woman" and "role conflict"	211 篇	相关性良好
⑤	full-text="carrier woman" and "family"	290 篇	相关性良好

▶9. 自然科学类相关文献检索

检索实例：检索"汽车尾气排放控制的新技术"

（1）检索工具

CNKI 中文期刊全文数据库、EBSCO 数据库。

（2）课题分析

该课题主要分析汽车尾气污染防治的技术与对策问题，并提出当前汽车尾气排放控制的新技术。

（3）检索词

首先从课题字面选取检索词，再从课题内涵出发选取其同义词、近义词、上下位词及相关的限定词。

中文检索词：汽车、机动车、尾气、废气、排放、控制、治理、污染、净化、技术、装置、标准、对策、措施。

英文检索词：automobile exhaust emission，vehicle exhaust emission。

（4）检索过程

第一种方法：登录 CNKI 中文期刊全文数据库，进入检索界面。由于存在多种组配方式,这里选择"专业检索",如案例图 4-12 所示。可根据案例表 4-3 所示的检索策略进行相关检索。

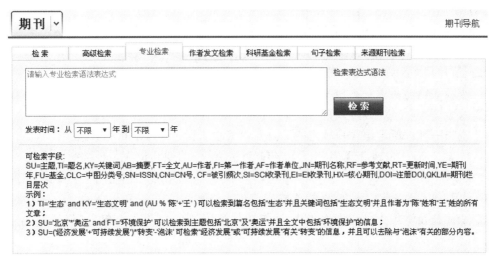

案例图 4-12　CNKI 中文期刊全文数据库"专业检索"界面

案例表 4-3　CNKI 中文期刊全文数据库"专业检索"策略和结果

序号	检 索 式	检索结果	评 价
①	TI=('汽车'+'机动车') AND TI=('尾气'+'废气') AND TI=('排放'+'控制'+'净化'+'污染') AND TI=('标准'+'技术'+'对策'+'措施') 年限:2011—2016	113 篇	相关性良好
②	TI=('汽车'+'机动车') AND TI=('尾气'+'废气') AND SU=('排放'+'控制') AND SU=('技术'+'装置') 年限:2011—2016	116 篇	相关性良好

第二种方法:登录 EBSCOhost 外文全文数据库(http://search.ebscohost.com),进入检索界面,如案例图 4-13 所示。可根据案例表 4-4 所示的检索策略进行相关检索。

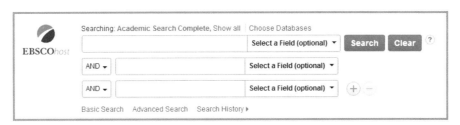

案例图 4-13　EBSCOhost 外文全文数据库检索界面

案例表 4-4　EBSCOhost 外文全文数据库检索策略和结果

序号	检 索 策 略	检索结果	评 价
①	TI=automobile exhaust emission	7 篇	相关性良好
②	TI=vehicle exhaust emission	101 篇	相关性不好

六、思考与练习

(1) 使用中、外文检索工具各两种完成如下课题(二选一)的检索，并分析检索结果。

课题1：论资本结构优化的影响因素及筹资决策。

课题2：电子商务在现代物流中的应用。

(2) 请使用 CNKI 中文期刊全文数据库检索如下信息：

① 查找一篇与所学专业相关的 2020 年核心期刊上的论文，并写出其外部特征信息。

② 检索 2015 年以来"国家自然基金"资助的与所学专业相关的论文。

③ 查出一种你所学学科领域内的国内专业核心期刊，并写出相关信息。

④ 检索 2015—2021 年篇名字段中含有"财务管理"的期刊论文，且被引频次在 5 次及其以上的。

(3) 用 CNKI"专业检索"构造检索式完成相关检索。

① 钱伟长在清华大学以外的机构工作期间所发表的，题名中包含"流体""力学"的文章。

② 检索姓"钱"的作者在清华大学或上海大学时发表的文章。

③ 检索"钱伟长"为首作者，在清华大学或上海大学时发表的文章。

案例 5　特种文献检索

一、案例目的

掌握标准、专利、会议论文、学位论文等特种文献的信息检索的相关数据库和检索方法。

二、内容与要求

（1）检索"全降解植物淀粉餐具"的发明专利。
（2）检索食品添加剂高锰酸钾的产品标准，包括国家标准和行业标准。
（3）按照检索实例，结合专业，自选课题。检索自选主题的学位论文和会议论文各一篇。

三、预备知识

常用的特种文献的检索数据库如下：
(1) 国家知识产权局专利文献全文数据库。
(2) 中国专利信息中心专利检索系统。
(3) 中国专利信息网。
(4) 中外专利信息服务平台(http://cnipr.yhdiglib.com.cn/cnipr/)。
(5) 中国学术会议论文全文数据库(中文版)(万方数据资源系统)。
(6) 万方学位论文全文数据库。
(7) 中国知网博硕士学位论文全文数据库。
(8) 中国知识产权局(http://www.sipo.gov.cn)。
(9) 中国专利信息网(http://www.patent.com.cn)。
(10) 欧洲专利局(http://ep.espacenet.com)。
(11) 美国专利数据库(http://www.uspto.gov)。
(12) 日本专利数据库(http://www.ipdl.jpo.go.jp)。
(13) 中国标准网(http://www.zgbzw.com)。
(14) 中国标准服务网(http://www.cssn.net.cn)。
(15) 国家统计局(http://www.stats.gov.cn)。
(16) 学校图书馆试用数据库。

四、环境与要求

1. 计算机实验室应配有相应的软件运行环境，如办公软件 Office 等。

2．计算机数量以学生数为准，做到每人1台。
3．所有计算机应接入互联网，以便于信息检索和数据传输。

五、实现步骤

▶ 1．检索"全降解植物淀粉餐具"发明专利

检索该主题的发明专利信息，写出检索工具、检索式、检索结果，包括专利名称、专利权人、申请号和申请日、公开（公告）号和公开（公告）日、IPC分类号等。

检索工具选择国家知识产权局专利文献全文数据库。

检索式：专利名称（全降解、植物淀粉、餐具）。

（1）登录《中华人民共和国国家知识产权局》网站（http：//www.sipo.gov.cn），在首页导航条处单击"服务"→"专利检索"，进入专利检索及分析页面，如案例图5-1所示。

案例图5-1 国家知识产权局专利检索及分析页面

（2）在专利检索界面上单击"高级检索"，打开专利高级检索界面，如案例图5-2所示。

案例图5-2 专利检索高级检索界面

(3) 单击选中左侧专利类型中的"中国发明申请",在"发明名称"文本框中输入"全降解植物淀粉餐具",如案例图 5-3 所示。

(4) 单击"检索"按钮,得到 2 条检索结果如案例图 5-4 所示。单击专利名称和申请号可以看到专利的详细介绍,并且可以安装说明书浏览器后阅读专利申请公开说明书。

(5) 单击检索结果记录下方"详览"按钮,得到专利名称、专利权人、申请号和申请日、公开(公告)号和公开(公告)日、IPC 分类号等信息,如案例图 5-5 所示。

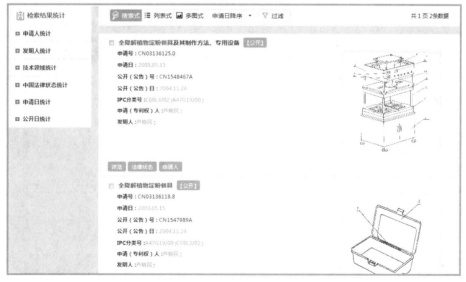

案例图 5-3 "中国发明申请"检索条件设置

案例图 5-4 专利文献检索结果

▶ 2. 检索食品添加剂高锰酸钾的产品标准,包括国家标准和行业标准

根据课题要求,查出与课题相关的标准,写出标准名称、标准号、标准颁发机构。

检索工具选择中国标准服务网。

检索式:标准名称(食品添加剂 高锰酸钾)。

(1) 登录中国标准服务网 http://www.cssn.net.cn/,在首页上单击"资源检索"中的"标准文献",进入标准检索的高级检索界面,如案例图 5-6 所示。

著录项目	
CN1547989A[中文]	CN1547989A[英文]
发明名称 --- 全降解植物淀粉餐具	
申请号	CN03136118.8
申请日	2003.05.15
公开（公告）号	CN1547989A
公开（公告）日	2004.11.24
IPC分类号	A47G19/00; C08L3/02
申请（专利权）人	
发明人	
优先权号	
优先权日	
申请人地址	内蒙古自治区包头市东河区工业路中段包头市××有限公司;
申请人邮编	014040

案例图 5-5　专利文献信息

案例图 5-6　标准检索高级检索界面

（2）在中文标题后的空白文本框中输入"食品添加剂　高锰酸钾"，单击选中"标准品种"右侧的"选择"按钮，分别选择"国家质检总局"和"行业标准-安全生产"复选按钮，即可分别得到相关的行业标准和国家标准，如案例图 5-7 所示。

（3）单击"检索"按钮，得到检索结果为 1 条国家标准（没有相应的行业标准），如案例图 5-8 所示。

（4）注册会员后可以查看标准的详细介绍，如果需要标准的内容则需要购买。

案例图 5-7　标准品种中行业选择设置

案例图 5-8　标准文献检索结果

(5) 单击标准名称，查看标准的相应信息如下。

标准名称：食品安全国家标准　食品添加剂　高锰酸钾

标准号：GB 1886.13—2015

标准颁发机构：中华人民共和国国家质量监督检验检疫总局中国国家标准化管理委员会

▶ 3. 利用中国知网数据库中的中国优秀博硕士学位论文数据库检索相关课题文献

检索课题为"企业财务风险及其控制问题",检索词2个以上(含2个),检索结果在100篇以内。

检索式(写出检索字段和检索词):篇名(企业 and 财务风险 and 控制)。

(1) 打开福州外语外贸学院图书馆主页 http://temp.fzfu.com/tsg/index.asp,单击"电子资源",如案例图 5-9 所示。

案例图 5-9　福州外语外贸学院图书馆"电子资源"

(2) 选择"中国知网",然后在文献资源类型中选择"博硕士学位论文"中的"高级检索",打开中国知网数据库学位论文高级检索界面,如案例图 5-10 所示,操作方法同期刊论文检索。

(3) 在学位论文高级检索界面右侧选择学科领域为"经济与管理科学",检索字段为"题名",学位年度为 2016—不限,并分别输入检索词,如案例图 5-11 所示。检索方法同期刊论文检索,得到 100 条检索结果。

(4) 选择其中一篇论文,将相关信息填在案例表 5-1 所示的表格中。

案例表 5-1　学位论文相关信息

项　目	具 体 信 息
题名	互联网视频企业财务风险分析及控制研究——以乐视网为例
作者	李晓云
导师	席龙胜
学位授予单位	河南大学

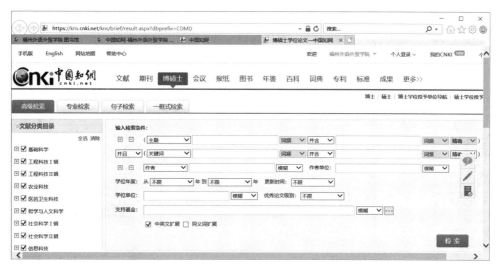

案例图 5-10　中国知网数据库学位论文高级检索界面

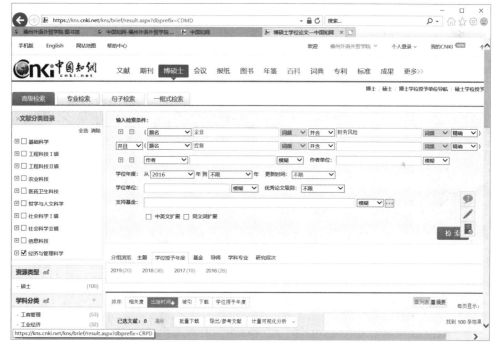

案例图 5-11　学位论文检索条件设置

（5）导出案例表 5-1 中学位论文的参考文献，格式如下：

［1］李晓云．互联网视频企业财务风险分析及控制研究［D］．河南大学，2018．

导出方法如案例图 5-12 所示。

（6）查出案例表 5-1 中所选择文献的导师指导的其他论文 3 篇，如案例表 5-2 所示。

案例图 5-12　导出参考文献

案例表 5-2　该导师指导的其他论文列表

序　号	题　　名	作　者
1	A 公路工程集团有限公司项目部绩效考核研究	刘楠
2	海外并购困境企业的风险分析及控制研究——以均胜电子并购日本高田为例	孟晶晶
3	中国重工市场化债转股动因及绩效分析	高阳

检索条件如案例图 5-13 所示。

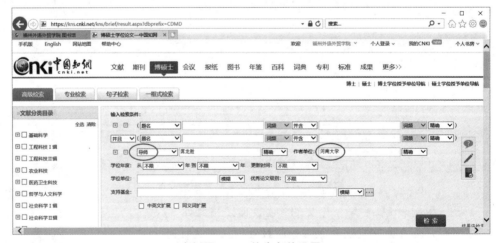

案例图 5-13　检索条件设置

▶4. 利用中国会议论文数据库检索相关课题文献

检索课题为"企业财务风险及其控制问题",检索词 2 个以上(含 2 个),检索结果在 100 篇以内。

检索式:篇名(企业 AND 财务风险 AND 控制)。

(1) 登录国家科技图书文献中心(NSTL)网站 http：//www.nstl.gov.cn，如案例图 5-14 所示。

(2) 选择"会议"，进入中国会议论文数据库检索界面，检索字段为"题名"，会议时间为 2011 年到 2020 年，并分别输入检索词，如案例图 5-15 所示。

案例图 5-14　国家科技图书文献中心(NSTL)网站

案例图 5-15　中国会议论文数据库检索界面

得到检索结果如案例图 5-16 所示，得到 11 条检索结果。

(3) 选择检索结果中的一篇文献，将相关信息填在案例表 5-3 所示的表格中。

(4) 导出案例表 5-3 中会议文献的参考文献，格式如下：

[1] 祁士闯, 王佳. 我国第三方物流企业财务风险控制研究[C]//中国物流生产力促进中心. 第十届中国工业企业物流论坛论文集. 2012：50-52，64.

提示：特种文献的检索方法与图书、期刊等检索方法基本类似，但要注意每种数据库也有自己的检索技术与规定。

案例图 5-16　会议文献检索结果

案例表 5-3　会议论文相关信息

项　目	具　体　信　息
文献题名	我国第三方物流企业财务风险控制研究
作者	祁士闯，王佳
会议名称	第十届中国工业企业物流论坛
会议时间	2012-07-01
主办单位	中国物流生产力促进中心
摘要	分析第三方物流企业所面临的诸项财务风险，系统性提出第三方物流企业的财务风险控制策略，为第三方物流财务风险管理提供理论依据。

六、思考与练习

1. 检索"汽车尾气化学净化器"的发明专利。
2. 检索我国最新的婴幼儿奶粉中氯元素含量标准。
3. 利用检索工具，结合专业，自选课题，检索自选课题的学位论文和会议论文各一篇。

案例6 综合信息检索

一、案例目的

(1) 掌握分析检索课题的方法,明确课题检索需求。
(2) 掌握综合查找信息的方法。
(3) 掌握分析、整理信息的方法。

二、内容与要求

本案例检索课题为"我国跨境电子商务物流的发展研究"(可自拟),结合文献信息检索课程所学知识,全面完成"课题分析—原文获取—分析"的全过程,考查学生对系统理论知识和检索实践能力综合应用的能力,以检验学生课程学习的效果。

三、预备知识

课题文献信息检索的一般步骤:

1. 分析检索课题,明确检索需求。
(1) 检索目的与意图
(2) 学科范围与主题概念
(3) 文献性质、类型与数量
2. 制定检索策略。
3. 选择检索系统与数据库。
4. 确定检索词和检索途径,编制逻辑检索式。
5. 检索策略的调整。
6. 实施检索。
7. 分析检索结果,对其进行鉴别和整理。
8. 得出检索结论。

四、环境与要求

1. 计算机实验室应配有相应的软件运行环境,如办公软件Office等。
2. 计算机数量以学生数为准,做到每人1台。
3. 所有计算机应接入互联网,以便信息检索和数据传输。

五、实现步骤

▶ 1. 分析课题

课题"我国跨境电子商务物流的发展研究"的学科分类主要属于"经济",特别是经济计划与管理,涉及《中图法》"电子贸易、网上贸易"分类号 F724.6。

▶ 2. 选择检索工具

常用的各种文献的检索工具如案例表 6-1 所示。

案例表 6-1 常用的文献检索工具

信息类型	数 据 库 名	主要检索途径
中文图书	读秀电子图书网	书名、主题词
	超星数字图书馆	
中文期刊	中国知网中文期刊全文数据库	题名(篇名)、关键词、中图分类号
	万方数据库	
学位论文	中国知网博硕士学位论文数据库	题名、关键词
	万方学位论文数据库	题名、关键词
标准	中国标准服务网	关键词
专利	中国国家知识产权局	专利名称
会议	中国会议论文数据库	题名

▶ 3. 确定检索途径

本课题可选用主题(篇名)途径为主,结合分类途径。首先用篇名试检出几篇期刊,找到期刊论文标记的分类号 F724.6,再使用《中图法》核实分类号,其分类号 F724.6 涉及《中图法》"电子贸易、网上贸易"。

▶ 4. 确定检索词

检索词:跨境电子商务/跨境电商 物流 发展。

通过 CNKI 博硕士论文数据库可以检索到论文的英文关键词,也可以通过 CNKI 网站提供的"学术导航"中的"在线翻译"翻译中文关键词,如案例图 6-1 所示。

▶ 5. 拟定检索式,实施检索

(1) 拟定中文基本检索式:(跨境电子商务+跨境电商)*物流*发展

(2) 期刊分类号:F724.6。

利用中国知网中文学术期刊(网络版)数据库检索 2015—2020 年,篇名为"(跨境电子商务 OR 跨境电商)AND 物流 AND 发展",中图分类号为 F724.6 的期刊论文,检索结果如案例图6-2所示。在实际课题索中,可根据实际检索需求增加或减少检索条件,进行缩减或扩检。

(3) 图书分类号:F713。

利用超星数字图书馆检索书名为"电子商务 物流"的图书资料,检索结果如案例图 6-3 所示。

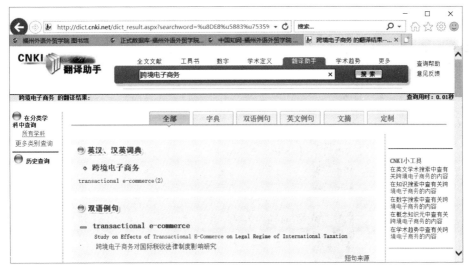

案例图 6-1　CNKI 翻译助手检索结果图

案例图 6-2　期刊检索结果图

(4) 学位论文分类号：F724.6；F259.2。

利用中国知网论文数据库检索 2015—2020 年，题名为"(跨境电子商务 OR 跨境电商) AND 物流 AND 发展"，中图分类号为 F724.6 或 F259.2 的学位论文，检索结果如案例图 6-4 所示。

(5) 专利分类号：G06Q10/08；G06Q50/28。

利用国家知识产权局专利数据库检索发明名称为"跨境电子商务 AND 物流"的专利，检索结果如案例图 6-5 所示。

(6) 会议：F724.6；F259。

利用中国会议论文数据库检索"(tit：电子商务) AND (tit：物流) AND (tit：发展) AND (sydacr：2011TO2020)"的会议论文，检索结果如案例图 6-6 所示。

案例图 6-3　图书检索结果图

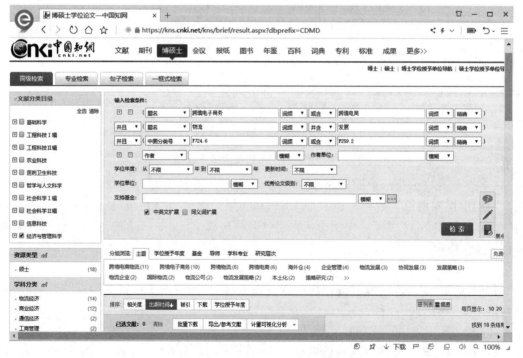

案例图 6-4　学位论文检索结果图

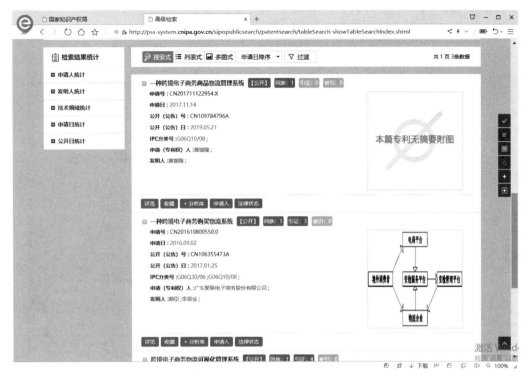

案例图 6-5　专利检索结果图

案例图 6-6　会议论文检索结果

(7) 科技报告：F253.9；TP319。

利用万方数据知识平台科技报告数据库检索"题名或关键词：("电子商务") * 题名或关键词：("物流") * Date：2011-2020"的科技报告，检索结果如案例图6-7所示。

案例图6-7 科技报告检索结果

▶ 6. 筛选检索结果

结合查准率和查全率筛选检索结果，并以标准参考文献的形式分类写出（文献数量在30篇左右）。

(1) 图书参考文献的形式如下。

[1] 张华，李一辉，喻立. 电子商务与物流管理［M］. 武汉：华中科技大学出版社，2015.

[2] 魏修建，吴健，张丽淑，等. 电子商务物流管理［M］. 3版. 重庆：重庆大学出版社，2015.

[3] 燕春蓉. 电子商务与物流［M］. 2版. 上海：上海财经大学出版社，2010.

[4] 刘胜春. 电子商务物流管理［M］. 北京：科学出版社，2009.

(2) 期刊参考文献的形式如下。

[1] 王淑清，许永坤. 跨境电子商务与物流融合发展的对策探讨［J］. 商业经济研究，2019(2)：86-88.

[2] 肖建辉. 跨境电商物流渠道选择与发展［J］. 中国流通经济，2018，32(9)：30-40.

[3] 范乔艺. 我国跨境电子商务的物流模式与发展状况［J］. 商业经济研究，2017(22)：99-101.

[4] 王玉玲. 我国跨境电商与跨境物流协同发展研究［J］. 改革与战略，2017，33(9)：151-153，198.

[5] 蔡俊芳，黄耕．跨境电商物流发展模式研究[J]．商业经济研究，2017(14)：86-88．

[6] 赵静，马骏．跨境电商与物流互动发展问题探讨[J]．商业经济研究，2016(5)：76-77．

[7] 冀芳，张夏恒．跨境电子商务物流模式创新与发展趋势[J]．中国流通经济，2015，29(6)：14-20．

[8] 李雨欣．跨境电商物流发展研究[J]．电子商务，2020(4)：31-32．

[9] 轩慧慧．河南省跨境电商和跨境物流协同发展模式构建及对策研究[J]．洛阳师范学院学报，2020，39(2)：63-68．

[10] 王梦媛，朱玥，樊重俊．我国跨境电子商务物流发展状况分析[J]．改革与开放，2020(Z1)：24-27．

[11] 王炯成．加快跨境电子商务物流发展的路径[J]．纳税，2020，14(1)：185．

[12] 程惠．跨境电子商务物流发展的路径分析[J]．农村经济与科技，2019，30(24)：56-57．

[13] 刘青．基于跨境电商发展环境下的国际物流模式分析[J]．商场现代化，2019(23)：51-52．

[14] 王琛．跨境电子商务物流发展现状及措施研究[J]．现代经济信息，2019(23)：288．

[15] 陆玉琴．跨境电商背景下的物流问题发展研究[J]．广西质量监督导报，2019(9)：89-90．

[16] 张广文．跨境电子商务物流模式创新与发展趋势[J]．福建茶叶，2019，41(7)：38．

[17] 韩爱娟．新常态下我国跨境电子商务的物流模式与发展路径分析[J]．现代营销(经营版)，2019(5)：124．

[18] 徐龙闪．我国跨境电子商务物流发展现状研究[J]．知识经济，2019(9)：69-71．

[19] 祝海南．跨境电子商务物流模式创新发展研究[J]．中外企业家，2019(3)：67．

[20] 李彦哲．我国跨境电商物流发展模式研究[J]．商场现代化，2018(23)：74-75．

(3) 学位论文参考文献的形式如下。

[1] 郑华君．A国际货运代理公司跨境电子商务物流发展策略研究[D]．桂林：广西师范大学，2019．

[2] 张腾．我国跨境电子商务物流运作模式发展策略研究[D]．青岛：青岛大学，2017．

[3] 张志武．跨境电子商务物流发展问题的研究[D]．北京：对外经济贸易大学，2015．

[4] 李春亮．深圳邮政跨境电子商务物流发展策略研究[D]．天津：天津大学，2015．

(4) 专利参考文献的形式如下。

[1] 唐成才．跨境电子商务物流可视化管理系统 CN106097232A[P]．2016-11-09．

(5) 会议参考文献的形式如下。

[1] 李红霞．电子商务物流配送模式的探讨[C]//中国武汉决策信息研究开发中心，决策与信息杂志社，清华大学经济管理学院．决策论坛——如何建立科学决策机制理论研讨会论文集．2015：129－129．

(6) 科技报告参考文献的形式如下。

[1]冯西桥. 核反应堆压力管道与压力容器的 LBB 分析[R]. 北京：清华大学核能技术设计研究院，1997.

▶ 7. 索取原文

下载上述所检索到的与课题相关度较高的部分文献，并利用相关数据库提供的原文下载工具，安装专用的阅读器阅读。

▶ 8. 定性分析

阅读其中 10 篇文献，撰写课题的研究意义、发展情况、研究结论等（字数在 800 字左右）。

六、思考与练习

结合所学专业自选课题，并参照上述步骤完成课题检索与分析。

参考文献

[1] 郭爱章. 网络应用与信息检索[M]. 北京：清华大学出版社，2012.
[2] 王良超，高丽. 文献检索与利用[M]. 北京：化学工业出版社，2015.
[3] 朱静芳. 现代信息检索实用教程[M]. 2版. 北京：清华大学出版社，2013.
[4] 王裕芳. 网络信息检索与综合利用[M]. 北京：人民邮电出版社，2013.
[5] 戴庆. 信息检索与应用[M]. 北京：人民邮电出版社，2014.
[6] 李其港. 文献检索实用技术[M]. 北京：人民邮电出版社，2014.
[7] 黄军左. 文献检索与科技论文写作[M]. 2版. 北京：中国石化出版社，2013.
[8] 陈蔚杰，徐晓琳，谢德体. 信息检索与分析利用[M]. 3版. 北京：清华大学出版社，2013.
[9] 叶继元. 信息检索导论[M]. 2版. 北京：电子工业出版社，2009.
[10] 花芳. 文献检索与利用[M]. 2版. 北京：清华大学出版社，2014.
[11] 马转玲，杜占江. 信息检索与文献利用[M]. 保定：河北大学出版社，2012.
[12] 黄如花. 信息检索[M]. 2版. 武汉：武汉大学出版社，2010.
[13] 孙建军. 信息资源管理概论[M]. 南京：东南大学出版社，2008.
[14] 蔡丽萍，段莹. 文献信息检索教程[M]. 北京：北京邮电大学出版社，2017.
[15] 李达，吴军. 医学文献分析管理软件的应用[M]. 北京：人民军医出版社，2009.
[16] 马海祥. 探索未来搜索引擎发展的8种趋势[EB/OL]. (2012-09-15)[2022-03-20]. http://www.mahaixiang.cn/jrht/100.html.
[17] 中华人民共和国国家质量监督检验检疫总局，中国国家标准化管理委员会. 信息与文献　参考文献著录规则：GB/T 7714—2015[S]. 北京：中国标准出版社，2015.

教师服务

感谢您选用清华大学出版社的教材！为了更好地服务教学，我们为授课教师提供本书的教学辅助资源，以及本学科重点教材信息。请您扫码获取。

❯❯ 教辅获取

本书教辅资源，授课教师扫码获取

❯❯ 样书赠送

公共管理类重点教材，教师扫码获取样书

 清华大学出版社

E-mail: tupfuwu@163.com
电话: 010-83470332 / 83470142
地址: 北京市海淀区双清路学研大厦 B 座 509

网址: http://www.tup.com.cn/
传真: 8610-83470107
邮编: 100084